坂本龍馬に学ぶ「仲間をつくる力」

神谷宗幣
龍馬プロジェクト全国会 会長

きずな出版

はじめに――
いかに仲間を増やしていくか

「日本人の好きな歴史上の人物ランキング」で、必ずいつも上位にあがる人物がいます。それは幕末《ばくまつ》の志士《しし》、坂本龍馬です。日本で一番人気のある歴史上の人物といっても過言ではないでしょう。

そんな坂本龍馬のしたことと言えば、真っ先に出る答えが「薩長同盟《さっちょうどうめい》」で、その次が「海援隊《かいえんたい》」の結成ということになります。

彼のそうした偉業《いぎょう》の陰には、本書で紹介する勝海舟や西郷隆盛、桂小五郎、後藤象二郎といった人物のサポートがあるのですが、そうした彼らの共通点は、幕府や諸藩の重役という、しかるべき立場を持っていたということです。

一方の龍馬は土佐《とさ》の下級武士で、しかも脱藩《だっぱん》した浪人《ろうにん》です。

なぜ、そんな龍馬が、当時の日本を動かしていた重要人物たちを仲間にすることができたのでしょうか。

この問いに答えることが、龍馬の「仲間をつくる力」を学ぶヒントになるはずです。

皆さんの持っている龍馬像とは、どのようなものでしょうか。

私が本やネットで龍馬を調べたところ、２つの龍馬像が浮かんできました。

一つは、司馬遼太郎の『竜馬がゆく』に代表される「英雄としての龍馬」の姿です。それから派生して龍馬の突出した行動を取りあげて、ビジネスへの応用をうたう本もたくさん出版されています。

そしてもう一つは、近年、明治維新が見直される中で、龍馬とフリーメーソンのイギリス商人グラバーとの関係を分析した「スパイとしての龍馬」の姿です。

しかし、私には、このどちらの龍馬の姿もしっくりこないのです。

私の思い描く龍馬は、現代を生きる我々と同じ、思い悩んでは失敗を繰り返し、しかし、それでもめげずにがんばって生きた青年です。

英雄でもスパイでもない、我々と同じ、地方出身の、一人の日本人の若者としての龍馬から学ぶ、という視点で、本書を進めていきたいと思います。

ところで、皆さんは、少年漫画の『ONE　PIECE（ワンピース）』をご存じですか。私の持っている龍馬像は、この漫画の主人公の「ルフィ」と重なるところがたくさんあります。

『ONE　PIECE（ワンピース）』を知らない方のために少し説明すると、この作品は、すでにあの『ゴルゴ13』を抜いて発行部数歴代1位（累計3億2000万部）を獲得しています。

ストーリーは、主人公の「ルフィ」が憧れる先輩たちの背中を追って、その世界の「海賊王」になることを目指していくというものです。

「海賊」といっても、「ルフィ」たちは何かを強奪《ごうだつ》するとかといった悪さはせず、世界をまわって仲間を集めながら、各地で住民を苦しめている悪い海賊を懲《こ》らしめていくのです。

この「ルフィ」には、最初は一人しか仲間がいませんが、旅が進むにつれて、一人、また一人と仲間が増えて、世界中の王様たちまでが彼の応援団になっていきます。

その主人公の「ルフィ」のキャラクターは以下のようなものです。

・気さくで誰でも信用し、誰に対してもフェアに対応する
・相手がどんなに強くとも、仲間を傷つけるような相手には断固として立ち向かう
・決して仲間を見捨てない
・どんな困難があっても、めげずに自分の信念を貫き通す
・率《ひき》いるチームに上下や主従《しゅじゅう》の関係はなく、全員が「ルフィ」の夢に共感して、彼についていく

このキャラクターに多くの日本人が魅了《みりょう》され、「ルフィ」に共感し、この作品を読んでいるわけです。何を隠そう、私もこの作品のファンです。

私が考える坂本龍馬は、この「ルフィ」のようなキャラクターを持った青年で、彼の地位や行動ではなく、その生き様や内面に、多くの人が惹《ひ》きつけられたのだと思うのです。

多くの人が、仲間をつくって、もっと人とつながりたいと思っている時代です。

本書では、誰もが知っている龍馬が、どんな思いで生き、何を考え、どう行動したかを見つめながら、「なぜ彼が多くの仲間を集められたのか」ということを、皆さんと一緒に考えていきたいと思います。

この本を手にとっていただいた皆さんにとって、本書が何らかのアクションを起こすきっかけになれば幸いです。

扉写真
今井家所蔵・東京龍馬会提供

坂本龍馬に学ぶ「仲間をつくる力」　目次

CONTENTS

〈第2章〉

正しく判断する——龍馬の情報力

〈第3章〉

仲間を率いる――龍馬の経営マインド

第4章 へこたれない——龍馬の精神力

CONTENTS

第5章

志を立てる——龍馬の世界観

坂本龍馬に学ぶ「仲間をつくる力」

序章

龍馬のように生きたい

私が【龍馬プロジェクト】を起ち上げたワケ

本論に入る前に、私がなぜこの本を書こうと思ったかを、より深く知っていただくために、私自身のストーリーをお話ししておこうと思います。

私は、2007年4月に29歳で大阪の吹田《すいた》市で市議会議員に初当選しました。最初の選挙から一貫して訴えてきたことは、「日本の若者の意識を変えよう!」です。

しかし、政党にも属さない29歳の市議会議員一人で、そんなことが簡単にできるはずもありません。

吹田市の中だけの活動に限界を感じた私は、２００８年の年末に、当時、大阪府知事であった橋下徹氏に手紙を書き、「我々若い世代でチームをつくって大阪の教育を変えていきましょう」と訴えました。結果、橋下氏の賛同を得て、２００９年に「大阪の教育維新を市町村から始める会」（略称：教育維新の会）を立ち上げ、橋下氏が代表で、私が事務局長を務め、大阪府の教育改革に取り組みました。

しかし、ご存じのように空港問題や大阪府庁の移転問題などで、府議会の賛同を得られなかった知事が、数を集めるために地域政党「大阪維新の会」を起ち上げるということになり、その活動趣旨《しゅし》やメンバー集めの方法を見て、「これは単なる選挙互助会《ごじょかい》になる」と考えた私や他のメンバーが、その会には入らなかったことから、教育維新の会の活動も、そこで停止してしまいました。

しかし私は、「大阪だけで想いをもったメンバーが集まらないのであれば、全国をまわって集めよう」と数人の地方議員の仲間に声をかけて、一緒に手弁当で全国をまわり、20～40代の地方議員や経営者を集め、２０１０年の6月に**【龍馬プロジェクト】**を発足させました。

この会では、若い世代の政治家を中心に、地方から日本をよくしていこうというメンバーが集まり、坂本龍馬にならって日本の将来ビジョンを考え、【国是十則《こくぜじゅっそく》】というものにまとめました。現在はそのビジョンを活動の中心に置いて、各々が研鑽《けんさん》を積み、次の世代の政治家を育成する活動をしています。


また、これまでの6年間の活動で、メンバーは二百数十人に増え、最初は地方議員や政治家浪人、公務員だったメンバーも、知事や市長、国会議員になって、それぞれのフィールドで活躍しています。

私はこの【龍馬プロジェクト】の会長として、清濁《せいだく》を併《あわ》せ呑《の》まないといけないといわれる政治の世界で「志をもった政治家」の気持ちが折れないように、メンバーの横のつながりを強固にし、真っ直ぐに想いを語れるプラットホームを維持して、より多くの人を、このプロジェクトに巻き込んでいきたいと考えて活動をしています。

以上の部分だけを話すと、全国の政治家をまとめる会の会長ということから、皆さんからは「別世界の人ですね」と言われることがよくあります。

しかし、私は政治家の家筋ではありませんし、幼いときから政治家を目指し、世の中の問題に向き合おうといった気持ちがあったわけでもありません。むしろ普通か、もしくは、それ以下の駄目な若者でした。

これからの人生をどうしていくのか

幼い頃の私はいじめられっ子で、上級生にもよくいじめられて、泣いて家に帰っていました。そして父親に泣きつくと、「男がいじめられたくらいで泣いて帰ってくるな」とよく殴《なぐ》られました。上級生より父親に殴られるほうが痛いので、幼心に、親に頼ってはいけないという気持ちが芽生《めば》えていたのを記憶しています。

小学校も高学年になると思春期に入り、クラスの女の子を好きになったりもしました。しかし、当時の私は運動も勉強もまったくできなくて、アニメ『ドラえもん』の、のび太君のような存在でした。しかし、なんとか自分の存在を好きな子に認めてほしいと思い、必死で努力した結果、小学6年生になる頃には、運動も勉強もできるようになりました。それだけにとどまらず、児童会長にも選ばれ、気がつけばガキ大将のような存在になっていました。

しかし、このように小学校の終わり頃には、我が世の春を謳歌《おうか》できたものの、調子に乗りすぎて傲慢《ごうまん》になり、中学校に上がると、まわりから友達がいなくなりました。中学校3年間は、どちらかというと、いつも一人で、勉強や運動に励《はげ》んでいたのを覚えています。

高校に入ると同時に、自分の想いや考えをわかってくれる人が欲しくなり、1年生の夏前に3年生の先輩に告白して、つき合ってもらうことになりました。けれど、初回のデートで自分の想いを語ったら、つき合って3日で振られてしまいました。

自分の築いてきた自信が崩壊《ほうかい》した瞬間でした。このときの失恋で、勉強などをがんばることの意味がわからなくなり、本当の人の魅力とは何かを考え、学校の授業にはあまり出ないで、本を読んだり、部活や生徒会、ボランティア活動など、勉強以外のあらゆる活動に時間を費《つい》やしました。

そんな高校生活だったので、学校の成績は最低。高校3年の春には、担任に大学進学をあきらめるように宣告されていました。

このままでは、実家の家業の食品スーパーを継ぐ以外に道がなくなると考えた私は、半年間必死で勉強し、なんとか大阪の私立大学に進学することができました。

そして大学に進学し、坂本龍馬に出会ったのです。初めて坂本龍馬の本を読んだとき以来、それまでの自分と龍馬の姿が重なり、龍馬の存在がいつも私の中にあります。駄目な自分でもがんばっていれば、何か大きなことができるのではないかと思うのです。

龍馬が多くのファンを惹きつけるのは、彼が生まれながらのエリートではなく、少しずつ成長を重ねていった苦労の人だからではないでしょうか。

さらに転機が訪れます。大学1年生も終わりの頃、英語の先生が、50万円あれば3ヶ月くらいかけてヨーロッパをまわる旅ができると教えてくれました、単純な私は、「そんな金額で3ヶ月も海外に行けるのなら、行ってみたい」と考えるようになり、1年生の終わりに部活もサークル活動もやめ、アルバイトをいくつもかけもちして、2年かけて200

万円のお金を貯め、1年間海外に出ることにしました。

そして最初に訪れたカナダで、私は、何人かの外国人の若者に出会ったのです。そこで彼らから、こんな問いかけを受けたのです。「おまえは日本人として、これからの日本をどうしていきたいと思っているか」と。私は、どう答えていいかわからず、黙ってしまいました。

それから、私の人生は大きく変わりました。

私に問いを投げかけた外国の若者は、彼ら自身の国や住む地域の未来のことを、しっかりと考えていたのです。

同世代の海外の若者が考えていることを、どうして自分たち日本の若者は考えていないのか。本当にこれで日本の将来は大丈夫か。そんな疑問を持った私は、机に座って英語の勉強をするだけの生活にあき足らなくなり、その後、数ヶ月をかけて、バックパックで、アメリカや西ヨーロッパ、北アフリカをまわりました。

約20ヶ国を訪問し、世界のリアルな現状を見た私は、日本の大学に戻り、「私たちも、もっと日本の未来と、自分たちの生活をリンクさせて考えていったほうがいいのではないか」という問いを、友人たちに投げかけていきました。

一緒に考える仲間が欲しかったのです。しかし、残念ながら、いまでもそうだと思いますが、日本の大学で日本の未来や政治の話をすると、「浮いた存在」になります。

私は周囲の友人から変な宗教に入ったと言われ、大きなショックを受けました。

半年ほど悩んだ結果、私は、「日本の未来や若者の教育」を考え、人に訴える仕事に就《つ》きたいとの思いで、「政治家」になる道を選択しました。政治家なら、変な宗教の人だとまわりに言われることもないと考えたからです。

正直、このときもビビっていました。

それまでの私の人生は、エスカレーターのように、行くところが決まっていて、小学校を出たら中学校、高校、大学と進学し、就職活動をして、公務員になるか会社員になるかを決めればよかったのです。

政治家になって、「若者の意識を変える」なんて行動は、このルートから完全に外れます。

しかし、このとき背中を押してくれたのは、龍馬でした。

彼のおこなった「脱藩」は、まさに道なき人生を自分でつくることでした。リスクをとって初めて、龍馬が活躍の場を得たことを、私は知っていたのです。

龍馬の生き様に「仲間をつくる力」のヒントがある

私は大学を卒業したあと、司法試験に合格し、弁護士となって、その後、政治家を目指す計画を持っていました。

しかし、人生そう簡単にいくものではありません。大学を卒業する頃、実家の母から電話があり、福井で父の経営する食品スーパーが倒産の危機にあることを知らされました。

寝耳に水の話で、受け入れるのに少し時間がかかりましたが、長男である自分が家族の危機から逃げるわけにはいきません。福井に戻り、スーパーの経営の勉強をしながら、日中は高校の教師の仕事をすることとなりました。

そこから足掛け3年、福井で生活しましたが、人生でこのときほど、しんどかった時期はありません。会社は倒産しそうなのに、そのことを口に出すことはできず、何も知らない従業員は思い思いの要望ばかりを口にします。

20代の私が、親の世代ほど年の離れた人といろいろな折衝《せっしょう》をし、朝から晩までぼろ雑巾のように働いているのに、会社の負債はどんどん増えていくのです。蟻地獄《ありじごく》にはまったような感覚でした。

福井の生活が3年目に入ったとき、私は食品スーパーの廃業を決めました。

しかし、その過程で信頼していた相手に裏切られ、廃業が倒産に代わり、同じ時期に結婚の約束をしていた相手にも婚約を破棄されてしまいました。

両親共々仕事がなくなり、生まれ育った家は借金のカタにとられ、周囲からは怒りや蔑《さげす》み、憐《あわれ》みの目で見られる。そして、信じていた人に裏切られるのです。一時は家を出るのも嫌になり、死にたいとすら思っていました。

このときも、私は龍馬の本を読みました。そうすると龍馬の人生も失敗続きであったことに気がついたのです。

「はじめに」に書いたように、多くの日本人が龍馬に英雄のイメージを持っていますが、それは最後の結果を見ているからで、その過程は失敗だらけでした。

それを考えれば、一時の失敗であきらめるのではなく、成功するまでやればいいのだという気持ちが湧いてきました。

こうして、また龍馬の存在に勇気づけられ、当時助けてくれる友人たちもいて、私は人生を立て直すことができました。

その後、法科大学院に進学し、卒業と同時に選挙に立候補して当選、先に述べた政治家人生が始まっていくわけです（詳細は拙著『大和魂に火をつけよう』に譲ります）。

8年間の政治家人生で、私はすでに2回も選挙に落選していますが、そうして失敗したときも、【龍馬プロジェクト】の活動を通して、龍馬のことを思い出します。

自分の苦難など、龍馬のそれに比べれば取るに足らない、また、いまやっている活動やもっている構想も、龍馬と比べれば、恥ずかしい限りの小ささで、これでは【龍馬プロジェクト】なんて名乗ることを笑われると思い、気持ちを入れ替えて活動を続けることができました。

そうして、龍馬を一つの行動モデルにしながら活動を続けていると、選挙に落ちるという失敗を繰り返していても、どんどん私のまわりに仲間が集まってきてくれるのです。そこで気づいたのは、龍馬の生き様や、構想の中に仲間を集めるヒントがあるのではないかということでした。

そんな気づきから本書を書いています。

本論でも、ところどころ私の経験談が出てきます。その趣旨は、私の経験と龍馬の経験との重なりをお伝えすることで、あなた自身の経験と照らし合わせながら、龍馬の想いを考えてもらえればと思ったからです。

さあ、それでは本論に入っていきましょう。

第1章

capacity to empathize

人を動かす

龍馬の共感力

龍馬のエピソード1

龍馬の友人に桧垣清治《ひがきせいじ》という侍がいました。

あるとき、桧垣は自分が持っていた長刀《ちょうとう》を、刀好きの龍馬に見せて自慢しました。するとと龍馬は、「それは実戦には向かない。これからはこちらのほうがいい」と言って、自分が持っていた短刀《たんとう》を桧垣に見せたといいます。

なるほどと思った桧垣は、自分も短刀を差すようになり、次に龍馬に会ったときに見せました。すると龍馬は懐《ふところ》から銃を取り出し、「刀はもう古い、これからは銃の時代だ」と言ったそうです。

それで桧垣は苦労して銃を手に入れて龍馬に見せると、今度は龍馬が本を見せて、こう言います。

「これからは武器の時代ではない。この本は『万国公法《ばんこくこうほう》』といって国家間の争いを解決するものだ。武力だけでは国際社会で戦ってはいけない」と。

この話がどこまで本当かはわかりません。しかし、龍馬という人間の人柄を表すには非常によいエピソードだと思います。

順を追って彼の人生を見ていくと、龍馬にはたくさんの出会いがあり、多くの先生がいたことがわかります。

ずっと同じ人のもとで学び、一つのことをやり抜くというタイプではなく、いつも素直かつ柔軟で、よいと思う人や情報があれば、それを自分の仲間や知識として取り入れ、すぐに行動に移していった――というのが、龍馬が龍馬たり得た、一番の能力ではないかと思います。

この章では、龍馬が国士として、全国を飛びまわるようになるまでの変遷《へんせん》を追いながら、彼の行動から学ぶべきポイントをまとめていきたいと思います。

目を見開いて、認識を共有する

龍馬の生い立ちと時代背景

１８３５年（天保６年）11月15日、龍馬は高知城下の郷士・坂本八平直足《なおたり》の末子として生を受けました。第11代徳川家斉《いえなり》の時代で、黒船が来航する18年前のことです。

坂本家は家紋が桔梗《ききょう》であったことから、明智光秀につながる家柄であったという話もありますが、それは後の創作であり、もともと農家の血筋であったようです。

当時の高知（土佐）の武士の社会には、「上士《じょうし》」「下士《かし》」という身分制度がありました。「上士」とは主に、関ケ原の戦いで徳川方に組みして、土佐の国を与えられた山内一豊《やまのうちかずとよ》家の家臣《かしん》団です。「下士」とは、それまで土佐の国を治めていた長曾我部元就《ちょうそかべもとなり》氏の家臣などです。

坂本家は「郷士《ごうし》」という身分でした。郷士とは、武士のまま農業に従事した者や、農民で、「名字帯刀《みょうじたいとう》」を許される、武士に準じた身分のことです。「上士」と「下士」の中間のような立場と理解すればいいかと思います。

坂本家の禄《ろく》は160石。いまの金額に換算すると1600万円くらいの収入です。

さらに、坂本家の本家にあたる才谷屋《さいたに》は、質屋や酒屋・武士相手の貸金業なども営《いとな》んでおり、龍馬が生まれた頃の土佐の国では、威勢《いせい》のある豪商でした。そこからの援助もありましたから、坂本家は下級武士の家柄でありながらも、経済的には相当恵まれていたといえます。

龍馬はそんな坂本家の5人兄弟の次男（末っ子）として生まれましたが、長男の権平《ごんぺい》とは20歳以上も年が離れており、幼少期より親や兄姉からかなり可愛がられて育ちました。

江戸留学と父の手紙

1853年（嘉永6年）3月。18歳になった龍馬は江戸にのぼり、門弟三千人を擁《よう》する千葉道場というところで剣術の修行をすることになります。
この江戸留学の際に、龍馬の父が龍馬に送った訓戒《くんかい》の書があるので紹介します。

修行中心得大意
一、片時も忠孝を忘れず、修行第一の事
一、諸道具に心移り、銀銭を費やさざる事
一、色情にうつり、国家の大事を忘れ心違いあるまじきこと
丑ノ三月吉日　　老父
龍馬殿

現代にも共通する親子のやりとりだと、微笑ましい気持ちになります。
この訓戒を現代風に言えば、

「しっかり勉強しなさい。

お金の無駄遣いをしないようにしなさい。

異性との交際に心奪われないようにしなさい」

ということですが、最後に、

「国家（土佐）の大事を考えなさい」

と加えているのが、現代の教育ではすっかりなくなってしまった点でしょう。

ペリーの黒船来航の意図

このように龍馬が江戸留学してきてすぐの1853年6月に、あのマシュー・ペリーが黒船を率いて浦賀《うらが》にやってきます。

彼の目的は日本の開国、つまり港を開かせることでした。

具体的な要求は、日本近海で操業する捕鯨《ほげい》船への燃料や、食料・水の供給、遭難した場合の救助、さらに清国とのあいだを航行する蒸気船に対する支援も含まれていました。

東海岸から植民を始め、原住民を殺戮《さつりく》しながら太平洋沿岸まで植民地を広げたアメリカが、イギリスに対抗するため太平洋横断航路の開発を考え、日本に送り込んだのがペリーなのです。

よく誤解されているのですが、じつはこのとき、ペリーは太平洋を渡ってきたのではなく、「大西洋航路」をとり、アフリカ南端の喜望峰《きぼうほう》をまわって、インド洋に出て、セイロン、シンガポール、香港を経由して日本に来ています。

さらに、ペリーは浦賀に突然姿を現したわけではなく、その前に日本開港の足がかりとして薩摩藩が管理していた琉球（沖縄）に上陸しています。

そして、翌年1854年に、ペリーが再び江戸湾にやってくるときも、琉球を経由しています。

そのペリーが琉球から江戸に発つときに、本国の海軍長官に対して送ったメッセージは次のようなものでした。

「日本政府が合衆国の要求に応じないか、または合衆国商船及び捕鯨《ほげい》に避泊《ひはく》する湾港を指定することを拒絶するならば、本職は合衆国市民の蒙《こうむ》った侮辱及び損害に対する補償として、日本帝国の附庸国《ふよう》（従属国）である琉球島を合衆国の旗の監視下に置き、政府が本職の行動を承認するかどうかを決定するまで、上述の制限内で租借《そしゃく》する決心である」

幕府が言うことを聞かない場合には、沖縄を植民地にする、という明確なメッセージです。このくらい強硬《きょうこう》な姿勢でアメリカが日本に迫っていたことや、この当時からアメリカは沖縄の地政学的な位置に注目し、領有化を考えていたことを、現代の日本人はほとんど知りません。

しかし、こうした諸外国の狙いを、後の明治政府は知っていたので、1872年（明治5年）に、琉球処分をおこなっています。本籍を明確にしておかないと、外国にとられてしまうという危機感があったのでしょう。

現代でも中国共産党が沖縄の領有権を主張していますから、「歴史は繰り返す」という教訓になります。

そしてもう一つ、ペリーにまつわるエピソードがあります。

日本が大東亜戦争に敗《やぶ》れ、連合国軍GHQの支配下に置かれることになったとき、マッカーサー元帥は、なんと、ペリーが航海に使った旗を持って日本にやってきたのです。それだけではなく、1945年9月2日に降伏《こうふく》文書の調印式がおこなわれたミズーリ号の停泊地も、ペリーの黒船の停泊地と類似した場所にしているのです。こうしたことを、我々日本人は歴史の事実として、知っておく必要があるでしょう。

闘いに挑む覚悟

前述したような思惑《おもわく》を持ったペリー一行を、簡単に上陸させるわけにはいきません。幕府は土佐藩に海防警備を命じ、龍馬を含む土佐の侍は招集をかけられ、品川あたりの警備につくことになります。

ペリーがやってきたときの龍馬の気持ちがわかる、家族への手紙があります。

「異国の船が日本の各地にやってきているので、近いうちに戦《いくさ》になるかと思います。そのときは異人の首を討《う》ちとって、土佐に持ち返る所存です」

いまの我々の価値観からすれば、野蛮《やばん》で単純な考えだと、感じる人もいるかもしれません。

しかし、当時のアジアは列強の白人国家によって、ことごとく植民地にされ、1840年のアヘン戦争では、イギリスが清国内に持ち込もうとしたアヘンを、清の政府が処分したという理由だけで、大砲を撃ち込まれ、上海や香港が奪われてしまっていたわけです。

そんなことは江戸に出てきている学生なら知っていたでしょうし、ひょっとすると、アメリカが日本の島を奪おうとしている狙いも、龍馬たちは知っていたのかもしれません。

「日本の各地」とは、そういうことなのではないでしょうか。

そうした前提を踏まえたうえで、この龍馬の手紙を読まなければ、当時の日本の若い侍の気持ちは読み取れず、龍馬の仲間になっていく人たちの思いも理解できないと思います。

つまり仲間を集める一つのポイントは状況認識を共有するということなのです。

気づいたら、すぐに行動する

原点になる気づきと学び

「若いうちの苦労は買ってでもしろ」という言葉がありますが、若いうちの経験は本当に人生を変えます。

序章でも述べたように、私は21歳のとき、1年間大学を休学し、海外をまわりました。アメリカでは、治安の悪さや差別を経験し、ヨーロッパでは「国は守らないとなくなる」という危機感をもった人と出会い、アフリカでは貧困を肌で感じました。日本にいてはわからないリアルな世界を知ったのです。

この経験がなければ、私は今のような仕事をすることはなかったでしょう。

龍馬も恐らくペリーの来航を経験し、私と同じようなインパクトを受けたのではないかと推察します。噂では聞いていた西洋の軍事力を肌で感じ、従来の刀や鉄砲で西洋列強に立ち向かうことの困難さを感じたに違いありません。

彼はペリーが来航した年の12月に、西洋流砲術《ほうじゅつ》の大家・佐久間象山《しょうざん》の塾に入門しています。

この佐久間象山は、当時の先駆的な思想家の一人で、日本の伝統的道徳と西洋の科学技術の長所を合わせ、日本の国力の充実をはかり、日本の独立を守り抜くことを主張していました。

彼の門下には、勝海舟、吉田松陰、小林虎三郎、河井継之助、山本覚馬《かくま》、橋本左内《さない》など当時の英傑《えいけつ》がたくさんいます（龍馬と同時期に学んでいたわけではありません）。

この後、龍馬が土佐に帰国するのが１８５４年の６月なのですが、佐久間象山は、弟子の吉田松陰のアメリカ渡航未遂事件（3月27日）の監督責任をとらされ、国元《くにもと》の信州松代《まつしろ》で蟄居《ちっきょ》を命じられていました。龍馬が実際に象山に触れられたのは、ほんの３ヶ月ほどのことだったのです。

それでも、象山の門下生として学んだ半年は、龍馬が今後に出会っていく人たちと肩を並べて話をするための最低限の常識と教養を学ぶ、貴重な時間であったことは間違いないでしょう。坂本龍馬の原点となる学びが、ここにあったと私は考えています。

私にも同じように原点となった学びがあります。

私は29歳で市議会議員になりましたが、それまでに、政治家としての心構えのようなものを学んだことはありませんでした。

そこで私は松下政経塾1期生で、思想家でもいらっしゃる林英臣《ひでおみ》先生の門をたたき、先生の塾で学ばせていただきました。

このときの「知行合一《ちこうごういつ》の行動学」「初めにないものは最後までないという政治理念の大切さ」「世界の歴史の流れ」「孔子、孫子、老子、韓非子《かんぴし》といった中国古典」「武士道」「やまと言葉」「吉田松陰先生の想い」といった学びが、今でも私の政治家としての行動の軸になっています。

こうしたベースがなければ、私も権力や利権だけを求め、選挙至上主義の政治家になっていたかもしれません。

また、こうした林先生の教えを一緒に学び、価値観を共有できる人間が、今でも活動を共にする中心メンバーになっています。

運命が動き出すとき

龍馬はのちに勝海舟の門人になるわけですが、龍馬が勝のスケールの大きな考えを理解できたのは、二人が佐久間象山の考え方をベースに持っていたからだと私は考えています。それくらい、象山の下での半年間の学びは龍馬にとって大きいものだったと思うのです。

しかし、ペリーの来航がなければ、龍馬が象山の門をたたくことはなかったでしょう。一般青年の龍馬が、偉人【龍馬】になったのは、当時の時代背景の中で、「自分はこのままでいいのか」と思える経験をし、そこで一歩行動を起こしたからです。

同じく黒船来航を肌で感じていても、その意味を考えることができず、行動を起こさなかった若者もたくさんいたのですから。

そう考えれば、多くの経験を重ね、そこから気づきを得て、すぐに行動に移していったからこそ、龍馬は仲間と出会うチャンスを手に入れることができたのでしょう。

経験を積んで考えるだけではなく、すぐに動く。このことの大切さを、龍馬から学び取ることができます。

幕末に行動を起こした侍たちの、黒船来航時の年齢

勝海舟	31歳
西郷隆盛	27歳
武市半平太	24歳
吉田松陰	23歳
大久保利通	23歳
木戸孝允	20歳
橋本左内	19歳
坂本龍馬	18歳
後藤象二郎	16歳
高杉晋作	15歳
久坂玄瑞	14歳
伊藤博文	13歳

いいと思えば、すぐに取り入れる

勉強を強《し》いられる状況

江戸から帰国した龍馬は、黒船来航の現場に居合わせたうえ、佐久間象山という当時一級の知識人の門下にいたわけですから、地元ではなかなかの有名人で、多くの人から意見を求められたそうです。

ここでも私自身の経験から龍馬の気持ちを考えてみます。私も29歳で政治家になったときに、多くの人から政治的な意見をたくさん求められました。

大阪の吹田市議会議員でしたので、最初は吹田市の市政のことくらいしかわからないわけですが、話を聞いてこられる方には、そんなことは関係ありません。

国政のことから海外の情勢まで、政治に関係のあることなら、何でも聞いてこられるのです。

そこで私が感じたのは……、

「これはもっと勉強をしておかないとまずいぞ」

ということでした。

恐らく19歳の龍馬も同じような心境で、自分より多くの情報を持つ先生を求めたのではないかと私は考えます。

そんな龍馬がいた当時の土佐藩で、一番の情報通は、これからお話しする河田小龍《しょうりゅう》でした。

彼はもともと絵師でしたが、儒学《じゅがく》や洋学にも造詣《ぞうけい》が深く、土佐藩の重役で開明派の吉田東洋らと親交がありました。

また、江戸や長崎にも遊学しており、西洋事情に関心を持っていたことから、1852年（嘉永5年）にはアメリカから帰国したジョン万次郎に聞き取りをし、その内容を『漂巽紀略《ひょうそんきりゃく》』という、挿絵や地図を入れた全5巻の書物にまとめていました。

さらに龍馬が帰郷した1854年には、藩の役人と共に薩摩藩に派遣され、銃砲を鋳《ちゅう》造《ぞう》する反射炉の調査もおこなっています。

河田小龍の教え

そうした調査直後の1854年の11月に、龍馬は情報を求め、この小龍のもとを訪問しています。

そのやりとりの様子を、小龍自身が『藤陰略話《とういんりゃくわ》』という書物にまとめています。少し誇張もあるかもしれませんが、やりとりを見てみます。

龍馬「最近の時勢について、先生のお考えをお聞きしたい」

小龍「私は隠居《いんきょ》の身だから、世の中の時勢について意見は持っていないよ」

龍馬「いや、あるはずです。いまはのんびり隠居暮らしをしているような時代ではありません」

小龍「……」

小龍は龍馬よりも11歳も年上で、藩の重鎮《じゅうちん》とも親しい知識人です。そんな彼をいきなり訪問し、意見を聞かせろという19歳の青年は、よほど無神経な世間知らずか、かなりの想いを持った強者《つわもの》ということになります。

黙っている小龍に対し、ひたすら自分の想いを熱く語る龍馬に、小龍は肯定的な印象を持ち、次のような回答を出します。

小龍「攘夷《じょうい》か開国か、私はそのどちらがいいとも言わない。しかしジョン万次郎から聞いた国際情勢などを考慮すると、いまの日本の力では攘夷は不可能だろう。戦っても敗れ、フィリピンのように植民地になってしまう」

龍馬「では開国するとなれば、我々はどうすればいいのですか」

小龍「開国するなら一層の攘夷の備えをせねばならない。でないと、隣の清国のように街を奪われてしまう。港を開くなら海防の備えが急務。商業を興して、少しでも早く外国船を購入し、航海術を習得し、諸外国に負けない海軍を持つことが必要だ」

この話を聞いて龍馬は喜んで、こう言ったそうです。

「自分が磨いてきた剣術では、一人の敵にあたるのが精一杯です。何かもっと大きなことがしたいと思っていました。本当にいいことを教えてくださり、ありがとうございます。先生の志をかたちにするべく、私も考えてみます」

この素直さこそが、龍馬が大物になれた一番のポイントだと思います。

ついこのあいだまで、異人の首をとると言っていた若者が、刀では太刀打ちできないことを感じ、海軍の発想をすぐに受け入れていったわけです。

名もなき庶民を仲間に

この面会のあと、龍馬は間をあけず再び小龍のところにやってきて、こう言いました。

「船は、お金を集めれば、なんとかなると思うのですが、仲間はどうやって集めたらいいでしょうか」

すると小龍は、

「俸禄《ほうろく》をもらっているような人間には志がない。名もなき庶民の中に志の高い秀才がいて、世を憂《うれ》いているはずだから、そういう人間を仲間にするといい」

と答え、龍馬は、

「人の育成は先生に任せます。私は外に出て船を手に入れます」

と言って去っていったと、小龍の『藤陰略話』には書かれています。

この時の小龍の「名もなき庶民の中に人物が眠っている」という発想は、今我々が進めている【龍馬プロジェクト】の活動方針にもつながっていて、我々が地方議員や経営者を集めているのは、きっとそうした立場のある人とは違った視点を持つ人の中から、次の日本の構想が生まれると信じているからなのです。

「龍馬のように全国をまわって仲間を集めよう」というのが【龍馬プロジェクト】発足当時のスローガンでした。

こうした龍馬と小龍のやりとりは、後に小龍が話をつくったものではないかといわれるくらい、できすぎているのですが、このあと、小龍は本当に土佐の有為《ゆうい》な人材を、龍馬の下に送っています。

龍馬の右腕になった近藤長次郎、龍馬の「船中八策」を文章にまとめ、彼が亡きあとに、海援隊隊長になった長岡謙吉なども、もともと小龍の弟子であり、この人材のサポートがなければ、龍馬の亀山社中《かめやましゃちゅう》や海援隊は生まれなかったかもしれないのです。

こうして実際に小龍のサポートを受けることができたのは、龍馬が素直に小龍の意見に賛同し、小龍に期待をかけてもらったからに他なりません。

「いい」と思えば、素直に人の意見を取り入れ、自分の考えにし、その人も自分の応援団にしてしまう——。これが、このエピソードから学べることだと思います。

仲間から学び、ともに成長する

武市半平太《たけちはんぺいた》との縁

1855年（嘉永7年）は、薩摩藩が日本最初の軍艦の試運転に成功した年です。この年の12月、龍馬の父・八平が59歳で亡くなり、兄の権平が42歳で家督《かとく》を継ぎました。兄には子がなかったため、龍馬は養子に出されることもなく、高知で過ごすことができました。

しかし河田小龍などから世界への目を開かれていた龍馬は、土佐でじっとしていることができず、翌年1857年に、再び剣術修行の名目で、江戸へ出る許しを求めました。

このときに江戸で土佐藩邸に同宿したのが、遠い親せきでもあった武市半平太です。

彼は国学者であると同時に、小野派一刀流を修めた剣術家でもあり、高知では剣術・槍《そう》術の道場も開き、下級武士の信頼を集める人物でした。

このときの武市はすでに、かなりの剣術の腕前を持っていたはずですから、彼が江戸を目指したのは、時勢の変化を体で感じ、将来の道を探りたいと、考えていたからだといわれています。

龍馬と武市は剣術のうえでは、よきライバルでしたが、ふだんは、よき友人であり、よき兄弟分でした。

龍馬は武市を「あご」（武市はあごが出ていたので）と呼び、武市は龍馬を「あざ」（龍馬の顔にホクロがあったので）と呼ぶような仲でした。

二人が江戸にいるときに、土佐藩士で盗みを働いて切腹になりそうな山本琢磨という者がいました。武市は何とか山本をかばおうとしたようですが、それもかなわず、あきらめていたところ、龍馬が山本に面接するといって、こっそり牢屋から逃がしてやったというエピソードがあります。龍馬の人物の大きさを示す逸話《いつわ》として語られていますが、私はじつは武市と龍馬が二人で組んでやったのではないかと思っています。

江戸で剣術を磨き、情報を集めた二人ですが、武市のほうは1857年に帰国。龍馬は北辰一刀流皆伝《ほくしんいっとうりゅうかいでん》の免許をもらってから1858年9月に帰国しています。

日米修好通商条約の締結

龍馬が2度目の江戸留学をしていた際に、日本には大きな変化がありました。

1858年にアメリカとのあいだで、日米修好通商条約が結ばれたのです。

中国に覇権を伸ばすイギリスなどに詰められる前に、少しでも条件提示のましなアメリカと話をつけてしまわなければならないという、当時の幕府の苦渋《くじゅう》の選択でしたが、この条約には「関税自主権の否認」と「治外法権の規定」が含まれており、不平等条約であることは間違いありませんでした。

現代の我々からしてみれば、過去の条約が「不平等」と聞いても感じるところは少ないかもしれませんが、当時の人々の心情に少しでも近づくために、実際に、もしも現代に、これと同じ条約が結ばれたと想像してみましょう。

たとえば現代において、日本人のカップルがデートをしているとします。そこへ条約締結国の外国人がやってきて、力ずくで女性が連れていかれてしまうような事件が起こったとします。しかし条約があるので、日本の裁判では、その外国人を裁けないということになるのです。アメリカ占領下の沖縄も、まさにこんな状態でした。

皆さんは、こんなことを許しておけますか。

当然、当時の日本人も、こんな条約を結んだ幕府を糾弾《きゅうだん》します。

その反発に対して、1859年、井伊直弼《なおすけ》によっておこなわれたのが「安政の大獄《たいごく》」です。吉田松陰や橋本左内、梅田雲浜《うんぴん》など、幕府に批判的な人物を極刑に処し、開国に批判的な水戸藩などを弾圧しました。

戦って敗れたら国ごと奪われることがよくわかっていた井伊直弼の考えもわかりますが、「進め方がおかしいだろう」と異を唱えたことで、多くの有為な人材がいなくなったことが、本当に悔《く》やまれます。

政治情勢の知識の欠如

龍馬が2度目の江戸留学から土佐に戻ったのは、このように時代が大きく動こうとしているときでした。

しかし、じつはこのときの龍馬は、まだこまかい政治情勢の知識をそれほど持ってはいませんでした。そのことがわかるエピソードがあります。

1858年11月に、水戸藩士の住谷《すみや》寅之介と大胡《だいご》聿蔵《いつぞう》という二人が土佐にやってきて、龍馬に手紙を出し、入国の手助けをしてくれと頼んできました。

水戸藩は井伊直弼によって、藩主らが謹慎処分を受けるなどの弾圧を受けていたため、土佐藩内の反井伊勢力を募《つの》って、ともに行動を起こすことが目的でした。

龍馬は、江戸の三大道場の千葉道場で名を轟《とどろ》かせ、水戸藩士との交流もあったので、住谷らも龍馬に相談すれば、力を貸してくれるだろうと思ったものと思われます。

しかし二人は龍馬に会って、がっかりします。

龍馬が中央の政治状況を知らないだけでなく、土佐藩内の政治的な動きを聞いても何も知らないと言ったからです。

藩主山内容堂の動静についても、水戸の二人のほうがよほど詳しいという状態で、水戸の二人はあきれて、

「龍馬は誠実な人物ではあるが、ただの剣豪で老中の名前も知らず、状況に通じていないので、がっかりした」

と書き残しています。

このとき龍馬はすでに、

「異人から日本を守らねばならない」

「大きな視点をもって仲間を集めていかねばならない」

という考えは持っていたと思います。

しかし、具体的に誰が権力を持ち、それをどう動かしていけばいいかということには、関心が至っていなかったのかもしれません（逆に言えば、そうしたこまかいことにこだわらなかったからこそ、大きな視点で日本の政治を考えることができたともいえます）。

ここで一つ論点となることは、情報や理論が大事か、大きな想いが大事かということです。龍馬には確かに知識や情報はなかったのかもしれません。しかし、想いはあったので、このあと短時間でキャッチアップしていくことができました。

振り返ると私たちが２０１０年に【龍馬プロジェクト】を立ち上げたときも、まさにそうでした。

「このままでは日本が危機的な状態になる」

「仲間を集めて政治を変えたい」

といった志は持っていましたが、日本の統治構造がどうなっているか、大きな選挙を戦うにはどうしたらいいか、国の官僚組織はどうなっているか、といった具体的な知識はほとんどなかったのです。

いま振り返れば向こう見ずな挑戦だったと思うのですが、我々も想いがあったので、情報はあとから補充しました。

今の日本の教育を見ても、知識や情報をたくさん詰め込んでばかりで、それをどう使うかという想いを持たせなければ、頭でっかちの批評家ばかりが増えます。

情報や知識はなくとも何がしたいかさえ明確であれば、このあとの龍馬を見ればわかるように、必要な情報はどんどん集められるのです。

大きな刺激と反省

それでも、国事に奔走《ほんそう》する水戸藩士と意見を交わしたことは、龍馬に大きな刺激と反省を与えました。

このあと、龍馬はそれまで熱心ではなかった読書に取り組みます。『大日本史』『資治通鑑』『史記』などを読み漁《あさ》るだけでなく、城下にある蘭学塾にも通い始め、西洋流砲術の勉強も始めるのです。

こうして、龍馬の政治への関心や知識は、どんどんと高まっていきました。

1860年3月に「桜田門外の変」の報が土佐に届いた際には、「大老が殺されたからといって騒いでも仕方がない。水戸藩士は家臣としての分を尽くしただけで、私も事を起こすときには、彼らと同じように振る舞いたい」と龍馬が発言した、と『土佐勤王史《きんのう》』には記されています。

その後、1860年7月には、武市半平太が配下の岡田以蔵らを伴《ともな》い、中国・九州剣術遊歴に出発しており、この旅で諸国の志士と交わった武市が、尊王攘夷《そんのうじょうい》の志を固め、それに後々龍馬も影響を受けていくことになります。

龍馬は出立する武市らに向かって、

「もはや武者修行の時代でもないだろう」

と言ったそうですが、それは武市の目的が時勢の視察にあったことを知らなかったからで、じつは龍馬自身が時勢の動きに対し、大きな思いを持ち始めていることを裏づける発言ともいえます。

大和《やまと》魂はなくなったのか

その後、土佐では1861年の3月に上士と郷士が斬《き》り合う事件（井口村事件）が起き、藩士の身分間対立が深まるとともに、郷士の結束が非常に高まりました。

ドラマなどでは、この事件で龍馬が活躍したように描くものもありますが、龍馬はほとんど関与しておらず、実際に郷士をまとめたのは大石弥太郎でした。

大石は井口村事件の後、藩命で江戸へ行き、勝海舟の門下に入っています。

そして彼を追うように、4月に江戸にのぼった武市は、大石の紹介で長州の久坂玄瑞《げんずい》、桂小五郎（木戸孝允《たかよし》）、薩摩の樺山三円《かばやまさんえん》らと出会い、思いを通じ合って、1861年の8月に、江戸で「土佐勤王党」を立ち上げることになるのです。

土佐勤王党の盟主は武市半平太、盟約書は大石弥太郎がまとめました。盟約書を意訳すると、次のようになります。

「神聖な日本が外国から侮辱《ぶじょく》を受けているのに、それに立ち向かう大和魂はなくなったのかと天皇も憂慮《ゆうりょ》しておられる。藩主の容堂《ようどう》公は幕府の方向を正そうとしたが、そのために罪を問われた。臣下の我々は黙っていていいのか。大和魂を奮い起こし、一致団結して、私心なく、国家（土佐藩）の復興に尽くそう」

こうした思いで結成された土佐勤王党は、土佐藩の世論をまとめ、「一藩勤王」を掲げ、192人のメンバーを集めることになります。ここに龍馬は9人目のメンバーとして加盟し、そのことが龍馬の人生を大きく変えていくことになります。

1856年に2度目の江戸留学に行ってからの龍馬の6年間の人生は、気づきと学びの期間でした。

情報を集め、ネットワークをつくり、実力を蓄《たくわ》えた期間だったと思います。

そしてこのあいだ、龍馬の半歩先を進みながら、彼に思想的影響を与えていった人物が、兄貴分の武市半平太でした。

彼の存在がなければ、龍馬が政治の世界で本格的な行動を起こすことはなかったかもしれません。

武市らに刺激されながら、足りないものがあると思えばすぐに学び、仲間が動けばすぐに行動する。

こうした動きができたので龍馬は仲間の信頼を集めたのだと思います。

熱を受けとり、反応する

龍馬の意識変革

土佐勤王党に入ってからの龍馬は武市半平太の命を受けて、剣術詮議《せんぎ》と称して、各地をまわることになります。

しかし、そのことがかえって龍馬の意識変革を促《うなが》し、武市との関係が崩れることにつながっていくのです。

1861年に土佐を出た龍馬は、1862年の正月に長州・萩《はぎ》の久坂玄瑞を訪ねます。久坂は、松下村塾で高杉晋作と双璧をなすといわれた俊才で、吉田松陰の妹と結婚していた、当時の志士の憧れのような存在でした。

彼はもともと藩医の息子で、年は龍馬より5つも若く、当時23歳。しかしすでに、明倫《めいりん》館《かん》で蘭学を学び、吉田松陰の薫陶《くんとう》を受け、九州を遊歴するなどして知識を蓄えていました。そんな久坂と龍馬は気が合ったようで、龍馬が萩に訪問中の1週間、毎日のように会って、お互いの考えを交換していたことが久坂の日記からわかっています。

私自身も【龍馬プロジェクト】の活動で全国をまわって多くの人と出会う中で、年に何人か「この人とゆっくり話し合いたい」という方に出会います。

しかし、そんな方ともせいぜい丸1日話せば、話したいことはひととおり話せるものです。1週間も通い詰めるということはよほど龍馬が久坂の話に引きつけられたということでしょうし、久坂も龍馬と話すことが、楽しかったのだと想像できます。

久坂玄瑞と龍馬

このときの久坂の日記を見ると、龍馬の最初の訪問目的は、武市半平太からの手紙を久坂に渡すことであったことがわかります。

武市は江戸で久坂や樺山らと「薩長土三藩連合」を結び、「尊王攘夷」や「討幕《とうばく》」を盟約していました。その後、土佐勤王党をつくり、土佐藩の改革を目指していましたが、なかなか思うようにいかず、久坂に何らかの協力をお願いしていたと思われます。

なぜなら龍馬の前にすでに、二人の土佐藩士を久坂の下に送っているからです。

龍馬が久坂とどんな話をしたかは定かではありませんが、久坂が武市に宛てた書簡を読むと、その中身が想像できます。

まず、久坂が訴えていることは、

「もはや大名や公家《くげ》は当てにならない。私たち草莽《そうもう》の志士が、藩という枠組みを超えて団結し、攘夷、討幕の流れをつくろう」

ということです。

ちなみに、ここでも用いた「藩」という呼び名は明治元年（1868年）に公式に使われた言葉で、まだこの頃は、それぞれの「藩」を「国」と呼んでいました。

しかし、「国」と表記すると日本国との区別がしにくいので、本書では便宜《べんぎ》上「藩」という表現を使います。

そのことを示したうえで、久坂の思いを説明すると、久坂は当時の幕府の公武合体政策を、長州藩が支持していることに不満でした。

そして久坂は、当時薩摩藩主の島津久光が、1000人の兵を率いて上洛《じょうらく》することを知っていたので、それを機会に、各藩の思惑などにとらわれず、有志が団結して藩を超えた連合体で、攘夷や討幕を決行しようと、武市に提案していたのです。

さらに久坂は述べています。

「大義が果たせるならば、お互いの藩が滅んでもいいじゃないか。天皇の思い（攘夷）を果たすことができないのなら、何のために日本で生きているのかわからないではないか」

これはものすごい爆弾発言です。

当時の藩は先に述べたように、幕府からも独立した一つの国です。

武士は、その藩から俸禄をもらっているのであって、その藩こそが侍が忠誠を尽くす対象でした。

それすら否定してしまうことは、自分たち武士の身分を否定してしまうことにもつながるのです。

それぞれの藩の利害ではなく、天皇を中心にした、日本という国全体の国益を考えろという久坂の発想は、龍馬の価値観を、大きく揺さぶったに違いありません。

やらない理由、できない理由を考えない

このときの龍馬のショックを自分の経験に照らして想像してみます。私が29歳で政治家になったことはお話ししました。政治家になったころは「若いのに政治をやろうとするなんてすごいね」としばしば言われたことを思い出します。

しかし、私も最初からこんな若さで政治をやろうなんて考えていなかったのです。最初は、政治家になるのは信用もお金も必要だから、40歳くらいにならないと無理だろうと決めてかかって、10年くらいかけてなれたらいいな、くらいにしか考えていませんでした。

しかし28歳のときに、私は何人かの地方議員の方々にお会いし、26歳で当選した方や自分より年下の方と話をさせてもらうことで、意識が大きく変わったのです。

正直に言うとショックでした。

「まだ若い、会社がつぶれてお金がない、経験が足りない」と自分自身にリミッターをかけ、やらない理由をつくっていたことを思い知ったからです。

この気づきをもらえたおかげで、私は20代で立候補する勇気が持てました。龍馬は当時28歳。恐らく5歳も下の久坂に会って、意気投合するとともに、焦《あせ》ったと思うのです。

あなたにも学校や職場で同じような経験があるのではないかと思います。同じような焦りを感じたけれど、自分自身のリミッターを外すことはしなかった、という後悔をお持ちの方もいるのではないでしょうか。しかし、それも仕方のないことです。戦後の日本の学校教育は、日本人の視野を狭くし、意識にリミッターをつけるためにやっているようなものなのですから。

「まだ若いから」「まだお金がないから」「あの人は特別だから」なんて言っているうちに、どんどん時間だけが過ぎ、せっかくの自分の可能性を殺してしまった人を、私もたくさん見てきました。

この本を読んでくださった方は、迷ったときに龍馬を思い出し、背中を押してもらえるようにしておきましょう。

龍馬は気づきを行動に変えます。

長州を出た龍馬はいったん大阪に立ち寄ってから、1862年の2月29日に高知へ戻りました。そして久坂から預かった手紙を武市に渡し、土佐に限らず、都を中心にした政治の動きに加わるように武市に進言しましたが、武市はあくまで土佐一国を「勤王藩」にすることを優先させると言い、そのためなら、藩の参政である吉田東洋の暗殺すら考えると言います。

この頃、龍馬と同じく久坂に会い、その考えに心酔《しんすい》した吉村寅太郎も土佐勤王党のメンバーを脱藩させて、久坂らの行動に合流しようと武市を説得しましたが、考えを変えない武市に失望して、3月7日に脱藩していました。

それを知った龍馬には、もうやらない理由がありませんでした。

3月24日、龍馬は土佐藩を脱藩しました。

久坂が龍馬に与えた、日本全体の国益を考えるという発想と、久坂の存在そのものは、龍馬の価値観を変え、リミッターを解除し、藩に固執《こしゅう》する武市との関係を終わらせて脱藩する十分な動機となったのです。

久坂の思いや生き様、彼の持つ熱量に、龍馬は反応してしまったのです。

それにしても帰国から1ヶ月を待たずに、脱藩してしまう行動の速さ、反応の速さには驚きます。

土佐に帰る前に腹づもりを固めていたとしても、久坂と会ってから脱藩までがわずか2ヶ月ほどです。

熱を感じたら考えのスケールを広げ、すぐに反応すること。この柔軟さとスピードも、龍馬に仲間が集まる大きな魅力ではないでしょうか。

共感したら、すべてをかける

自分の命をどう使うか

脱藩したあと、6月23日に大阪に現れるまでの龍馬の3ヶ月間の足取りは、定かではありません。下関にいたとも九州に行ったともいわれています。

6月に大阪に着いた龍馬は、土佐で起きた吉田東洋の暗殺と、京都での寺田屋騒動を知ることになります。しかし、地元や京での攘夷の運動には目もくれず、秋頃には江戸に向かっています。

江戸では、剣術を学んだ千葉道場にお世話になりながら、今後の活動方針を決めるために情報収集に専念します。

11月12日には、脱藩決意のきっかけをくれた久坂玄瑞に会っており、恐らくこのとき高杉晋作とも意見交換をしていたと思われます。

また、江戸でも同郷の土佐藩士との交流は続けていました。

キーマンになったのは、間崎哲馬《まさきてつま》です。彼は龍馬よりも1歳年上で、すでに江戸では浪士組の山岡鉄舟や清川八郎、長州の桂小五郎らとも交流を深めていました。

この間崎が12月に越前藩主の松平 春嶽《まつだいらしゅんがく》に会うと言うので、龍馬もそれに同席します。先に大阪で学んできた大阪湾の防衛策などを話すと、春嶽に大変気に入ってもらい、勝海舟に会うことを勧められ、紹介状を書いてもらいました。

勝は龍馬の同郷の大石弥太郎の師でもあったので、龍馬もその存在は知っており、是非とも会おうということになったのだと思います。

勝海舟という人物は、貧しい旗本《はたもと》の家柄で、若い頃から剣術に励み、蘭学も習得して、28歳から蘭学塾を開く一方で、佐久間象山に弟子入りし、西洋の知識も磨いていました。

1855年には、幕府が開設した長崎の海軍伝習所で、航海術も身につけています。

さらに、日米修好通商条約が結ばれて、遣米使節団がアメリカに渡るときには、随行艦の咸臨丸《かんりんまる》を指揮して、日本人初の太平洋横断をやってのけています。

龍馬が会いに行ったときは40歳で、軍艦奉行並《ぶぎょうなみ》、日本有数の知恵者の一人でした。

勝自身は、晩年に書いた『氷川清話《ひかわせいわ》』の中で、龍馬が自分を殺しに来たと書いており、ドラマなどでは、このエピソードが独り歩きしていますが、これは勝独特のユーモアだと思います。龍馬が勝を斬らねばならない理由など、何一つないからです。

恐らくこの時の龍馬は、今後の自分の命の使い方を考えていたのだと思います。

若き日に黒船を見て外国の脅威《きょうい》を感じ、河田小龍からは「商業を興して仲間を集め、船を手に入れ、海防力を高めよ！」と言われて意気高揚したものの、熱い思いだけでは、そんなことは簡単にできません。

自分が歴史や政治のことを学んで国事に奔走したいと思っても、まわりの友人らは藩にこだわり、考え方の違いから、日本人同士で斬り合いをしていました。

そんなとき、5歳も下の久坂玄瑞に、

「もっと大きく日本全体の国益のために命を使え」

と言われて、脱藩はしてきたものの何をしていいのかわからない。そんな状況だったと私は推察します。

そんな龍馬に対し、勝は、

「いまは国内で争っている場合じゃない。列強の支配に入らないように強力な統一政府をつくって、富国強兵《ふこくきょうへい》をやらないといけない。とくに海軍の強化は急務で、俺はそれをやりたいと考えている」

と言ったわけです。

このとき龍馬はきっとこう思ったでしょう。

「俺の命の使い方が見つかった」と。

ですから、初対面の相手に、「給料もいらないから弟子にして働かせてください」と即断で頼み込んだわけです。

龍馬このとき28歳。今後の人生の方向性が決まった瞬間だったと思います。

勝のもとで自分の使命を確信した龍馬が本当に喜んでいた様子は、このあと、彼が家族に送った手紙からよく伝わってきます。

決断力と行動力をつける

それにしても、龍馬のこの尋常ではない決断力と行動力は本当に魅力的です。

この力はどうして身についたのでしょうか。

龍馬の生い立ちを見るに、幼いときからお金に困らず、兄姉とは年の離れた末っ子で、かなり自由な環境で育ったことがわかります。

そして18歳で剣術修行に行ったことからもわかるように、それほど学問は積んでいなかった。つまり、固定概念や「こうしなければならない」という縛《しば》りがないわけです。

自由にできる環境と固定概念を持たなかったことが、彼に行動力を与えたのでしょう。

少し現代の例に置き換えて考えてみましょう。

私は歴史などをよく人に話すのですが、年配の方や学校の教科書で歴史を学んだ人ほど、

「それは違う。教科書に載っていなかった」

といった言葉を口にし、あまり話を柔軟に聞いてくれません。

歴史の見方など一つではないわけですから、絶対的な答えなんかはないわけです。

しかし、勉強をした人からすると、自分が積み上げてきた知識を否定されることに不快感を覚えるのでしょう。

龍馬は、そこが人の何倍も柔軟で、とらわれないわけです。

また、自分がわからないこと、知らないことを素直に認められる能力が、龍馬には高く備わっていたのだと思います。

そして加えるなら、ただ素直なだけではなく、人並み外れた共感力を持っているのです。

相手の言ったことがそうだと思えば、龍馬はものすごく共感します。

ですから龍馬に話した相手からすると、嬉しくなってしまうわけです。

人間は誰しも、自分の考えに賛同してもらえると嬉しくなるものです。

しかも、それを聞いた相手が感動している様子を見れば、ついつい興奮して話してしまいます。

龍馬は「人たらし」だといわれますが、それは計算してやっていたのではなく、彼の天性の才能です。

感性を磨いて、感動や共感できる力を身につけることが、人を仲間にする最高の方法かもしれません。

そして、共感した後の行動の速さは龍馬の武器です。

「黒船の脅威を知る」↓「佐久間象山の門をたたく」

「仲間が政治活動を始める」↓「メンバーになる」

「久坂のスケールに触れる」↓「脱藩する」

「勝の構想に惚《ほ》れる」↓「その場で弟子入りする」

どれもできそうで、なかなかできる行動ではありません。

この行動の速さは、そのたびに、まわりの注目を集めたでしょうし、「あいつと一緒に何かやってみたい」とまわりを期待させることにつながって、結果として龍馬の下に人が集まるようになったのではないかと私は考えます。

龍馬はこのあと、暗殺されるまでの5年間で、日本を動かす大事業を進めていくわけですが、それらを支えるベースの力【共感力】【行動力】が、このときまでに身についていたのです。

第1章のまとめ

この章では、龍馬が国士として全国を飛びまわるようになるまでの変遷を、時系列で追いながら、彼の行動から「仲間づくり」で学ぶべきポイントをまとめてみました。龍馬を知らなかった方も、だいぶ彼の人間像が見えてきたのではないでしょうか。

ポイントのおさらいをしてみましょう。

・状況認識を共有する
・経験を積み重ね、そこから気づきを得て、すぐに行動に移していく
・「いい」と思えば、素直に人の意見を取り入れ、自分の考えにし、意見を教えてくれた相手も自分の応援団にしてしまう
・足りないものがあると思えばすぐに学び、仲間が動けばすぐに行動する

・熱を感じたら考えのスケールを広げ、すぐに反応する
・感性を磨いて、感動や共感できる力を身につける

これらを整理すると、経験と学問で共通の情報や認識を持ち、自分にないものも素直に受け入れ、相手との感情のシンクロニシティーを高め、すぐに行動に移していくことが仲間づくりの大きなポイントになると思います。

「素直さ」「共感」「行動」のキーワードが見えてくると、「はじめに」で私が「ワンピースのルフィとイメージが重なる」といった理由もお分かりいただけるのではないかと思います。

そしてこうした力を、龍馬が人と出会っていく中で高めていったこともおさえておいてください。

当たり前のことですが、「仲間をつくる力」は、多くの人との交流の中で磨かれていくのです。

第2章

capacity for ga

龍馬の情報力

正しく判断する

龍馬のエピソード2

第1章では、龍馬が多くの出会いの中で、物事や知識を素直に受け入れて共感し、行動していく姿を見てきました。

そんな龍馬も勝海舟に出会うまでは、剣術の腕前で知られることはあっても、何か主体的に動いたり、物事を始めたりすることはありませんでした。

どちらかというと多くの人から教えを受け、仲間に引っ張られながら、自分の人生の方向性を模索《もさく》する過程だったように思います。

しかし、勝に出会ったことによって龍馬は表舞台に登場し、5年という短い期間でその本領を発揮していくことになります。

この後の龍馬の大きな業績と言えば、日本初の貿易会社ともいうべき「亀山社中」の設立から、これも日本最初の株式会社といえる「海援隊」への移行、薩長同盟の締結《ていけつ》、船中八策を示し大政奉還《たいせいほうかん》を促すといったものが挙げられるでしょう。

これらの事業を成し遂げるにあたっては多くの力が必要でしたが、この章では、そのうちの一つである龍馬の「インテリジェンス（intelligence）」をつくる力について見ていきたいと思います。

「インテリジェンス」の意味を辞書で調べると、①知性・理解力、②情報・諜報《ちょうほう》と出てきます。

一般的には、②の「情報」の意味で使われることが多いのですが、同じ「情報」と訳せる「インフォメーション（information）」との違いが、多くの日本人には理解されていません。そこでまず、2つの「情報」の違いをおさえておきたいと思います。

インテリジェンスとは、「インフォメーションを収集・分析した結果としての総合情報」であり、「判断・行動するために必要な知識」のことです。

一方のインフォメーションは、「（インテリジェンスのもとになる）あらゆる種類の材料」という理解がよいと思います。

わかりやすくたとえるなら、インフォメーション＝じゃがいも、インテリジェンス＝カレーライスです。

じゃがいももカレーも同じ「食べ物」というくくりには収まります。しかし、じゃがいもは材料で、そのままでは食べられませんが、カレーライスは食事として、そのまま食べられます。

我々がふだん接している新聞や雑誌、テレビやラジオから受けとれる情報は、インフォメーションです。

それを自分の役に立つようなかたちに組み上げた結果、その情報（インフォメーション）はインテリジェンスとなります。

つまり、インテリジェンスとは、「複数のインフォメーションを集めて、自分が判断・行動するうえで直接的に役に立つように整理した情報・知識」ということになります。

現代の日本人は、このインテリジェンスをつくる力が低下してしまったと、私は感じています。

それには学校教育に大きな問題があるのではないでしょうか。

いまの学校の学習には、インフォメーションを覚えさせて、吐き出させるトレーニングが多すぎます。

歴史の教科などはその最たるもので、現在の教科書を覚えさせる教育では、「歴史」のインフォメーションを、インテリジェンスとして活用する能力は、身につかないと思うのです。

政治活動をしていて感じるのですが、有権者からの政治的な質問や意見のほとんどは、「それテレビでコメンテーターが言っていましたよね？」というものばかりです。

テレビの情報や新聞の論調を、そのまま自分の意見にしてしまっている人が本当に多いことに気づかされます。

いろいろな情報を集め、取捨選択し、自分オリジナルの意見をつくり、それをまた人と交換し磨いていく。

情報が増えすぎて、こうした作業をいまの日本人は、できていないのではないでしょうか。

せめて学校の必修授業でディベートやスピーチをおこない、自分のインテリジェンスをつくる力を磨いていくべきだと、私は考えています。

私は、龍馬の飛びぬけた能力の一つが、情報を集めインテリジェンスをつくり上げる力だったと思います。

彼にはインテリジェンスがあった。だから、友人たちがこぞって「尊王攘夷運動」をしているときも、違う方向を向いて動くことができたし、時代の先を見通すことができたのでしょう。

この章では龍馬の行動の裏に、どのようなインフォメーションと、それに基づくインテリジェンスがあったか、という視点で龍馬に学んでいきたいと思います。

いかに情報を集め、それをどう組み上げるか

勝海舟と龍馬の密議

龍馬は1862年に、勝海舟の門人になりました。

1863年1月9日の「海舟日誌」には、このように書いてあります。

「昨日、土佐の若者何人かが私の門人になった。龍馬と世の形勢を密議して、その若者たちの志を助けようと思う」

このとき、勝と龍馬が「密議」したこととは何だったのか。

それは、在野の有志を糾合《きゅうごう》して自分たちの「海軍」をつくることでした。

こんなことを考えて実行する龍馬には、どんなインフォメーションがあったかを挙げて

みます。

・白人たちの国が武力をもって、日本を植民地にしようとしている。この目論見《もくろみ》を阻止せねばならない。

・白人たちの国とは、いまの日本の兵器で戦っても勝てない。よって、気持ちだけで攘夷を叫んでも意味がない。日本も強い兵器を持つべきだ。

・世の中は攘夷の風が吹き荒れ、無駄に日本人同士が殺し合っていて、もったいない。

・日本を守りたいという若者は多くいて、脱藩者も全国で出ている。

こうしたインフォメーションが、龍馬にはあったと思われます。

そこに幕臣の勝海舟との出会いがあり、列強に対する短絡的な感情論はおいておき、朝廷と幕府、諸藩が一丸となって、憂国の志士を募り、挙国一致《きょこくいっち》の強い「海軍」をつくればいい、というインテリジェンスが生まれたのでしょう。

インテリジェンスが行動を変える

私が、2010年に【龍馬プロジェクト】を立ち上げたのも、同じような発想でした。

・（大学時代に1年間海外に行って）自分たち世代の日本人が、日本の未来のことを考えていないことに危機感を持つ。
・一般人の立場で、日本の未来や戦略を考えようと言っていると「変なヤツ」だ、と社会から疎外される。これは政治家になって、根本の教育から変えないといけない。
・大阪で市議会議員になったが、一つの市議会では同志が集められないので、大阪全体から集めて、会をつくろう。
・大阪でつくってみたが、まったく数が足りない。日本には現状に問題を感じている経営者や政治家がたくさんいるはず。

「それなら全国をまわって党派を超えて有為な人を集め、『日本の未来』を本気で考えるチームをつくり、教育を見直し、地方から日本を変えていこう」

このように考えて、【龍馬プロジェクト】を始めました。

これが当時の私のインフォメーションとインテリジェンスです。

歴史上の偉人の行動を分析するとき、その人物がどんなインフォメーションを持っていたかを知ることは非常に大切で、行動の結果だけを単に覚えていても意味がない、と私は考えています。

私たち自身が行動するときも、インフォメーションを何らかのインテリジェンスに組み上げて、それをもとに動いているはずです。

勝海舟と龍馬の真の狙い

話を龍馬に戻して、彼が経験の中から、どんなインフォメーションを集めていったかを見ていきましょう。勝の門人になった龍馬は、まず勝と一緒に京都に行って、片っ端から仲間を集めていきました。

「幕府の手先になった」と批判もあったそうですが、彼にはインテリジェンスができあがっていましたから、そんな批判はものともしません。

このときの龍馬は脱藩者の身でしたが、勝のとりなしで脱藩の罪を許されることになりました。そして龍馬は勝と一緒に、幕府の実力者にロビー活動をおこない、海軍をつくることの必要性を訴えていきます。

30歳にもならない一青年の訴えを、国の実力者たちが会って聞いてくれるわけですから、勝の信用と龍馬の弁舌《べんぜつ》、聞く側の器、どれも素晴らしいものがあったと思われます。

ただ、ここで龍馬たちがずるいのは、幕府側に真意を伝えていないことです。

勝と龍馬の真の狙いは、挙国一致の国防海軍をつくることです。

一方の幕府側の希望は、幕府の海軍をつくり、諸藩の軍事力を凌駕《りょうが》することでした。

そこの違いをうまくごまかしながら、龍馬たちは幕府から1863年4月に、神戸に海軍所と造船所をつくる許可を取りつけます。恐るべきスピードです。

さらに勝は、神戸の生田神社の近くに塾をつくって、子弟を教育しようと考え、その塾頭を龍馬に命じます。

このときに勝がまとめた海軍操練所の基本理念を少し見ておきましょう。

「神戸の地に海軍局を設け、ここに輩（仲間）を集合し、船舶の実地運転に従事せしめ、遠く上海、天津、朝鮮地方に航し、その地理を目撃し、人情を洞察《どうさつ》せしめんとす」

しかし、操練所設置の許可は取りつけたものの、海軍塾運営の資金はありませんでした。そこで、龍馬は勝の命を受けて、5月には越前（いまの福井）の松平春嶽に資金の支援を頼みに行きます。

そのときに越前で出会ったのが、横井小楠《しょうなん》と三岡《みつおか》八郎（のちの由利公正《ゆりきみまさ》）です。

この会談のときに龍馬が詠《よ》んだといわれる歌が、次のものです。

「君がため捨つる命は惜しまねど心にかかる国の行末」

勝の門人になってからの数ヶ月、国の要人たちと語り合う中で、龍馬には相当のインフォメーションが蓄えられたのでしょう。この歌から人物の成長が感じられます。この歌の「国」とは、もはや土佐一国のことではなくなっていたのではないでしょうか。

インフォメーションを分析する

「株式会社」の考え方で資金を集める

前述したような憂国の思いで、龍馬は松平春嶽から、いまの貨幣に換算して、1～5億円ともいわれる資金援助を引き出すことに成功するのです。

このお金は、実際には、借用というかたちでした。

あとでも詳しく述べますが、勝と龍馬の構想としては、海軍塾の塾生が船を使って交易をおこない、その利益で、出資者に配当のようなかたちでお金を渡していくことを考えていただろうといわれています。

このときにすでに「株式会社」のような仕組みを考えていたのでしょう。

こうして龍馬が海軍塾の運営を始めた1863年の5月、攘夷派が優勢になった長州藩は、アメリカ商船やフランス、オランダの軍艦に対し砲撃をしました。

するとア6月にはアメリカとフランスが長州を攻撃、軍艦三隻が潰され、長州の砲台は壊滅状態にされます。

このとき龍馬は、怒りの手紙を姉に送っています。

何を怒っていたかというと、長州藩に攻撃を受けて壊れた外国船を幕府が修理をして、その外国船が長州を攻撃していることに対してです。

幕府の悪い役人が、外国人と内通していると龍馬は考えました。

龍馬の手紙でも有名な、

「日本をいま一度、洗濯いたし申し候《そうろう》」

という言葉は、このとき書かれたもので、

「このような悪い役人は、打ち殺して一掃せねばならない」

という文脈で語られたものです。

まだこの時点で、日本の政治体制を変えなければ、という大きなインテリジェンスは生まれていなかったと考えます。

幕府は当然同じ日本人である長州を応援し、外国と戦うべきだというのが、このときの龍馬の考えでした。

海軍操練所の発足と政変

その後、1863年の8月には、京都で政変（八月十八日の政変）が起こり、会津と薩摩を中心とした公武合体派が孝明天皇を引き入れて、それまで力を持っていた尊王攘夷派の長州藩士らを朝廷から追い出し、権力を握りました。

勝と龍馬はこれをきっかけに、松平春嶽を上洛させ、徳川を含む雄藩諸侯らによる、朝廷を中心にした連合政権の樹立を目論見ました。

しかし、この目論見は、幕府や集まった諸藩の利己的な思惑がぶつかり、わずか数ヶ月で瓦解《がかい》してしまいます。

この後の京都では、一橋慶喜《ひとつばしよしのぶ》（のちの徳川慶喜）らによる親幕府勢力が力を持ち、龍馬らは失望することになります。

また、この政変をきっかけに、流れが変わったと見た土佐の山内容堂は、武市半平太ら尊王攘夷派の土佐勤王党の面々を片っ端から検挙し、牢獄に押し込みました（武市は1865年5月に切腹）。

龍馬たち土佐藩出身の海軍塾メンバーにも、土佐藩から帰国の呼び出しがありましたが、帰国すればつかまるので、龍馬はここで2度目の脱藩をすることになります。

1864年2月になると龍馬は、勝に従って長崎を初めて訪問しました。

このときの勝の仕事は、英・仏・米・蘭の4ヶ国連合艦隊による長州攻撃をやめさせる調停《ちょうてい》でした。

龍馬は勝の真横で外交の交渉を学びつつ、貿易の町・長崎で、海の向こうとの交易の可能性を肌で感じとるのです。

そして、1864年の5月には、待ちに待った海軍操練所が発足します。

学生は200〜400人の規模でしたが、その中心となったのは60人ほどの龍馬が率いる海軍塾のメンバーでした。

順調にスタートしたかに見えた操練所でしたが、翌6月の5日、京都で「池田屋事件」

が勃発《ぼっぱつ》し、流れが変わります。

京都での復権を狙う尊王攘夷派の集会を、新選組が急襲したのです。

このときに尊王攘夷派の志士と共に、海軍塾から抜け出していた土佐の望月亀弥太《かめやた》も闘死してしまいます。

この事件で、神戸の海軍操練所と海軍塾は、尊王攘夷派のたまり場ではないかと、幕府から疑われ、徹底的に調査を受けることになります。

また長州藩はこの池田屋事件を、自分たちへの攻撃だと受けとめます。

そして、八月十八日の政変で京都から追い出されていた長州の怒りが爆発し、1864年7月19日には長州勢が御所に攻め込みました。

これが世にいう「禁門の変（蛤《はまぐり》御門《ごもん》の変）」で、結果長州は敗れ、このときに、龍馬の人生に大きな影響を与えた久坂玄瑞も亡くなります。

この事件をきっかけに、幕府の長州討伐の機運は高まるとともに、翌8月には、長州は英・仏・米・蘭の4ヶ国連合艦隊によって下関を攻撃されました（馬関戦争）。

このとき幕府は4ヶ国の攻撃に対して妨害などはしません。

この態度に勝や龍馬は、「なぜ幕府は異国と戦う長州を助けないのか」と怒りをぶちまけています。

西郷隆盛との出会い

龍馬が薩摩の西郷隆盛と出会ったのは、そんな1864年の9月のことです。西郷が勝を訪ねて大阪の宿舎にやってきたのです。

西郷の聞きたかったことは、大きく分けて2つです。

一つは長州討伐と幕府の対応について。

もう一つは外交問題です。

それに対して勝は、長州討伐について、

「天下大事のときに、誰も彼もが私利私欲で動いている。小物ばかりでダメだ」

とその方向性を戒《いまし》め、外交問題については、

「もう外国は幕府の役人を軽侮《けいべつ》しているから老中では対応できない。有力な諸侯を4～5人集めて、外国と交渉していかねばならない」

と、新しい政府構想を語りました。

これを聞いて、勝を幕府の役人だと見ていた西郷は、幕府にとらわれないばかりか日本国家全体を見て発想する勝に敬服し、勝のほうも、柔軟に自分の話を理解する西郷に好意を持ちました。

そして勝の考えをもともとよく知っており、この二人のやりとりを聞いていた龍馬は、西郷の人間性と理解力を知り、彼をこのあと組める人物だと認め、いろいろな意見交換をしたものと思われます。

このとき西郷は薩摩がやっていた生糸《きいと》の密貿易の話なども、龍馬にしていたかもしれません。

「亀山社中」を考えついたワケ

しかしこの会合の翌月に勝は江戸に呼び戻され、役職の罷免《ひめん》と蟄居を命じられ、海軍操練所は開設からわずか半年で、事実上の閉鎖となります。

閉鎖の理由としては、西側諸藩の学生が多かったので、反幕府勢力に利用される可能性を恐れたのと、勝自身の政治的思想に対し、幕府高官が危機感を持ったことなどが考えられます。

とにかくここで、勝と龍馬の日本海軍建設構想は、いったんは瓦解することになったのです。

龍馬はかなり失望したと思いますが、ここまでの経験で龍馬は、以下のようなインフォメーションを集めることができていました。

・船を操れるということは、海軍をつくることの条件であるとともに、長崎などで交易をしてお金をつくることもできる。
・幕府の役人は自己保身の思いが強く、大局を理解することができていない。必要なのは外国と渡り合える雄藩連合である。
・長州の勢いは失墜し、しばらくは薩摩と会津が力を持つ。
・自分たちは攘夷派の浪士と誤解され、弾圧を受ける可能性がある。
・薩摩には西郷という人物がいて、勝や自分の考えを理解する器である。

龍馬は、このようなインフォメーションを持っていたので、行き場を失った海軍塾の塾生の受け入れ先は、薩摩がいいと判断し、交流のあった西郷を頼ります。

薩摩藩士とともに行動していれば、攘夷派の危険分子として狙われる危険も回避できますし、薩摩は雄藩の一つですから、政治的な働きかけもしやすいと考えたのです。

また薩摩藩としても、薩英戦争で海軍の必要性がわかっていましたし、幕府に隠れて密貿易もやっていたので、熟練した船乗りを一度に確保できることは、メリットでもありました。

こうして双方の思惑が合致し、薩摩藩からの身柄の受け入れと資金援助を取りつけ、龍馬は一つの船乗り技術集団をつくることができました。それが商社と政治結社の性質を持つ「亀山社中」だったのです。

このように、龍馬の経験と彼が持っていたインフォメーションを見ていけば、彼が、唐突に「亀山社中」なる組織を思いついた天才、というわけではないことがわかります。

私利私欲を捨て、大局から物事を見る

桂小五郎（木戸孝允）の思惑

1865年（慶応元年）4月、京都の薩摩藩邸に身を寄せていた龍馬たちは、大阪から船で薩摩に向かいます。

この前後、薩摩では、幕府の長州征伐《せいばつ》に協力するかどうかが話し合われており、結論として、薩摩は長州の側に立つことが決められました。

この決定には、西郷の意向が大きく働いたものと考えられますが、この西郷の考え方の根幹には、1864年の秋に、勝海舟から聞いた雄藩連合の構想が大きくあったのでしょう。

そして5月になると、龍馬は、八月十八日の政変で長州に落ち延びた5人の公家（五卿）に会うために、九州の大宰府《だざいふ》に向かいます。

そして、公家や長州藩士らに薩長と協力することの必要性を説き、当時の長州の実力者であった桂小五郎（木戸孝允）との面会を取りつけ、その足で下関《しものせき》に行って、桂と会談しています。

龍馬と桂がじっくり話し合ったのは、このときが初めてでしたが、二人は意気投合することになります。恐らく龍馬は、西郷たちの意を受けて、薩摩が長州の味方につく可能性があることを桂に伝えたのでしょう。

桂からすれば、長州は幕府に目の敵にされて危急存亡の状態でしたから、ありがたいと思う反面、八月十八日の政変や禁門の変で、薩摩にはひどくやられていた恨みがあり、急に手のひらを返した薩摩への不信感もあって、複雑な気持ちだったと想像できます。

しかし、勝のもとで修行していた龍馬には、各藩の私利私欲ではなく、国家を大局から見た判断が必要である、という大きな発想があり、桂はそれを理解して、薩摩との交渉のテーブルにつくことを承諾したものと思われます。

余談ですが、龍馬は１８６６年2月の兄への手紙の中で、「天下の人物」として次のメンバーを挙げています。

徳川家では、大久保一翁《いちおう》と勝海舟。

越前藩は、三岡八郎と長谷部勘右衛門《かんえもん》。

熊本藩は、横井小楠。

薩摩藩は、小松帯刀《たてわき》と西郷隆盛。

長州藩は、桂小五郎と高杉晋作。

龍馬にとって桂は、たった9人の天下の人物の一人に挙げているわけですから、相当な人物と映っていたに相違ありません。

中岡慎太郎の工作

龍馬と同じ頃に、薩摩と長州の手を結ばせようと考えていた人物が、もう一人いました。

それは、龍馬と同郷土佐出身の中岡慎太郎です。彼は龍馬より3つ年下ですが、龍馬よりも先に、薩長を結ぶ工作を始めていました。

中岡は八月十八日の政変のあと、脱藩して長州に走り、禁門の変では長州軍の中で戦い、そのあとは同じく土佐藩の土方久元《ひじかたひさもと》とともに、三条実美《さんじょうさねとみ》の身辺で護衛にあたっていました。そして1865年の1月に、五卿が長州から大宰府に移される際に、大宰府に来た西郷と、移転の条件についても話し合っています。

龍馬が桂に会っているとき、中岡は薩摩に行っており、西郷を連れてくることになっていました。

龍馬は、土方から中岡の動きを事前に聞いていたので、桂とともに下関で西郷の到着を待ったのです。しかし、このとき西郷は下関にはやってきませんでした。

表向きの理由は、長州征伐を阻止するために、上方《かみがた》へ急ぎ向かわねばならないというものでしたが、実際は、手を差し伸べるのは薩摩であって、自分たちから会いに行く必要はないという、薩摩の面子《めんつ》を気にしての行動だといわれています。もしくは、薩摩の藩論をまとめられなかったのかもしれません。

しかし、事情はどうあれ、待っていた桂からすれば、大きな恥をかかされ、また薩摩に騙されたという気持ちになったに違いありません。

龍馬のインフォメーション

ここからの龍馬の行動はあとで詳しく述べますが、龍馬は個人的な怒りは我慢し、知恵を絞って、お互いのメリットをうまくつくり出し、1866年1月に薩長同盟を成立させます。

成立に至る過程には、何度も障壁《しょうへき》がありましたが、龍馬が薩長を協力させることが日本の政治を動かす原動力になる、というインテリジェンスを持って、辛抱《しんぼう》強く行動できた背景には、次のようなインフォメーションがあったのでしょう。

・外国の脅威を目の前にしながら、同じ日本人である長州を攻めようとする幕府に、日本を任せておいたら、日本は外国の植民地にされる。
・土佐の同胞が攘夷運動で失敗したことを見ても、単純な攘夷運動では話は進まないので、挙国一致の雄藩連合を結成するしか、外国の勢力に立ち向かう道はない。
・外国の強さを戦って知っている薩摩と長州以外、雄藩連合の核になる藩はない。

・幕府の海軍塾が潰された以上、自分の立場と海軍構想をつなぐためには、薩摩と長州の威光とお金を使って、実益を上げていくしかない。
・長州の薩摩に対する恨みと不信感は相当なものがあり、誰かが仲介をしなければ収まらない。

龍馬が当時、これだけのインフォメーションを持っていた背景には、土佐出身で尊王攘夷運動の流れがよくわかっていたこと、勝の弟子になっていたこと、日本各地の要人とコネクションを築けていたこと、が挙げられます。

こうしたインフォメーションを元にして、龍馬がインテリジェンスを組み上げた結果が、薩長同盟の成立につながっているのです。

政治的な嗅覚と、仇敵を許す度量

薩長同盟が成立した1866年の6月、幕府は2回目の長州征伐をおこないました。長州を4ヶ所から攻めたため、「四境戦争」とも呼ばれる戦いです。

この戦いは、幕府のもたつきで、命令から戦闘開始まで1年以上の月日をかけてしまっており、その間に、龍馬たちが薩長同盟を結ばせてしまったため、第1次長州征伐の主力であった薩摩藩は出兵に加わらず、それどころか長州の武器の入手に裏で協力していました。

こうした薩摩の動きもあって、幕府軍は、長州藩に連戦連敗を喫してしまいます。

この戦いには、じつは龍馬も少し加勢していました。

自分が購入斡旋《あっせん》した武器が、幕府軍に対してどれほど威力を発揮するか、視察することが目的であったといわれています。

そして同年8月に、停戦を命じる勅令が出され、四境戦争は長州の勝利で幕を閉じました。

この敗北は、幕府の権威を一気に失墜させることになります。

幕府の敗戦で、薩摩と長州の力が高まり、政治の流れがまた大きく変わっていきます。

ここで立場が悪くなったのは、龍馬の故郷の土佐藩です。

八月十八日の政変以降、武市をはじめとする、多くの勤王の志士を処刑していた土佐藩には、薩長とのあいだをつなぐ人材がいなくなっていたからです。

そんな情勢の中、1867年の1月、土佐藩の参政であった後藤象二郎が、長崎で龍馬に会見を申し込んできます。

このとき、龍馬と後藤は初対面でしたが、お互いに因縁がありました。

龍馬はもともと土佐勤王党のメンバーで、この土佐勤王党は、後藤の叔父にあたる吉田東洋を暗殺しています。

一方の後藤のほうは、龍馬の親友であり、土佐勤王党の代表であった武市半平太を捕らえ、切腹させていたのです。

直接の面識はなかったとはいえ、お互いに敵同士のような立場でした。

しかしそんな二人が、このときの会談で、過去を水に流し、連携していくことを約束しています。

具体的には、

①　亀山社中は土佐藩が全面的に支援したうえで、新組織に改編すること

②　龍馬ら土佐藩士の脱藩の罪を赦免《しゃめん》すること
③　将来的には薩長同盟に土佐藩も連携していくこと

の3点が確認されたと言われています。

この会談をきっかけに、この年の4月には龍馬を隊長とする、海援隊が長崎で結成され、7月には中岡慎太郎を隊長とする、陸援隊が京都で結成されて、土佐藩が幕府に知られてはまずいような活動を、藩直属ではない建前で、彼らが引き受けていくこととなりました。

もちろん二人の和解には、龍馬周辺からも不平の声が上がっており、龍馬は、姉の乙女からも変節を非難されています。

姉からの非難の手紙に対し、龍馬が、

「天下国家のためには、私一人で数百の兵を率いるよりも、土佐24万石を率いてやるほうが得策だ」

という返答をした手紙も残っています。

お互いに思うところはあったのでしょうが、後藤には、時流を逃さないためには仇敵《きゅうてき》とも手を組むことを厭《いと》わない政治的な嗅覚《きゅうかく》があったのでしょうし、龍馬にも、いまいる仲間を養い大目標を達成するために、仇敵を許す度量があったのです。

この二人の歴史的な和解には、現代の政治に関わる私たちも、学ぶところがたくさんあると思います。

多くの人間を率いる立場に立てば立つほど、個人の思いは殺してでも、大局を見定めて動く必要があるのです。

もし、このとき二人が手を結んでいなければ、このあとの大政奉還は実現していなかったかもしれないのです。

ピンチを、どう切り抜けるか

徳川慶喜の軍制改革

龍馬と後藤象二郎が歴史的和解を成し遂げた前後に、中央でも大きな変化がありました。四境戦争中に亡くなった将軍家茂の跡を継いで、1866年12月5日には、徳川慶喜が将軍職に就きました。

しかし、その月の25日には孝明天皇が崩御《ほうぎょ》され、1867年の1月に、14歳の若い天皇が即位されることになります。のちの明治天皇です。

このときの慶喜が抱えていた政治課題は2つ。

一つは列強への兵庫開港問題で、もう一つは幕府と争った長州をどう扱うか、という長州問題でした。

1867年5月、この2つの問題を前に進めるため、西郷らの根回しもあって、当時の有力大名である、山内容堂、島津久光、松平春嶽、伊達宗城《だてむねなり》が京都に集まり、会談が持たれました。いわゆる「四侯会議」です。

兵庫開港については開港の方向で、長州については毛利敬親《もうりたかちか》、広封《ひろあつ》父子の官位を戻し、敬親が隠居し、家督を譲り、領地の没収などはなし、ということで話がまとまりました。

しかし、将軍慶喜の思いは違います。

慶喜はフランスの援助のもと、軍制改革に力を入れ、幕府直属の軍を整備するため小栗上野介《こうづけのすけ》を抜擢《ばってき》し、確実に成果を上げていたのです。

こうした背景で強気の慶喜は、四侯と5人で会合を持ち、その後ともに出席した公家との朝議の席で、自分の進めたかった兵庫開港問題のみを進め、四侯が進めたかった長州問題については、うやむやにしてしまったのです。

こうした慶喜の強引なやり方を見て、四侯は慶喜に見切りをつけて解散してしまうことになります。

このやりとりの中で、慶喜公と対立した薩摩の島津久光は、討幕への気持ちを強め、幕府寄りだった土佐の容堂の立場も変わらざるを得なくなりました。

船中八策と土佐藩の事情

本来なら、この会議で山内容堂の補佐をしなければいけない立場であった後藤象二郎は、海援隊が紀州藩との海難事故「いろは丸問題」を起こしていたため、会議に間に合わなかったのです。

そして遅れて6月9日、長崎を出て京都に向かうことになるのですが、このとき龍馬を同行させます。

この航海の中で龍馬と後藤が話し合い、生まれたとされるのが、のちの「船中八策」です。

詳しい内容については、あとで説明しますが、大切なことは、その第1条で「大政奉還」が謳《うた》われていることです。

このときの土佐藩の立場は、微妙なものでした。

もともと土佐藩は、関ヶ原の戦いの勝ち組なので、薩長と違い、徳川家に対しては好意的で、討幕という気持ちを持った者は多くありませんでした。

しかし、時勢は薩長に有利で、幕府だけについていても立場は守れませんから、薩長との協調路線を模索せねば、政権の中枢《ちゅうすう》から外れてしまうリスクがあります。

ですから、薩長も立てつつ、徳川家も守る案として、政権を朝廷に返し、徳川も含んだ雄藩体制で政治を動かそうという提案に乗ったというのが、土佐藩の事情でした。

後藤は、京都についてから、まず土佐藩の仲間を説得し、その後、諸大名の意見を打診にまわっています。そして6月22日、京都の料亭で土佐と薩摩の重鎮が集まり、会議が開かれました。

薩摩からは小松帯刀に西郷と大久保、土佐からは後藤に福岡藤次らが出席、そして龍馬と中岡も同席していました。

この会議で決まったことは、薩摩と土佐で協力して、「大政奉還」と「徳川の将軍職の返上」を進めていこうということでしたが、その手法などは一切決められておらず、薩長同盟のように、軍事的な内容を含むものではありませんでした。

武力による討幕計画

じつはこの会談の前に、西郷らは土佐藩で、対幕府強硬派の板垣退助《いたがきたいすけ》や中岡慎太郎らと会って、武力による討幕の打合せもしていました。

西郷たちは最初から、武力を背景にした進め方を考えていたのです。このことは龍馬も知っていたようです。

ドラマなどでは龍馬は平和主義者で、武力や争いを好まない男のように描かれることが多いですが、それは偶像《ぐうぞう》です。

龍馬はまず、後藤に大政奉還の発議の主導権を与え、引くに引けない立場に追い込み、土佐藩で意見がまとまらない場合、もしくは、幕府との交渉が決裂した場合には、武力討幕派の板垣に兵力を率いて上京させ、薩長土の兵力で、大政奉還を実現するという策を立てていたと考えられます。

武力の裏づけのない交渉の無力さを、龍馬はちゃんと理解していたのです。

薩摩との会談の翌日の6月23日、土佐のメンバーで大政奉還の建白書の草案をまとめる場には龍馬もいて、龍馬はこう言ったそうです。

「わが土佐藩は、これまで何度も藩論を変えているから、今回は途中で腰折れすることのないようにしてくれ」と。

こうしてできあがった草案を、薩摩に見せて了承を得て、7月3日に後藤が藩主の許可をもらうために土佐に戻ります。

そして龍馬は土佐と長州の間に、薩摩と同じような盟約を結ばせたいと、桂小五郎（木戸孝允）に働きかけています。その結果7月10日には長州藩から土佐に使者が送られています。

結局、土佐と長州の盟約の締結はなりませんでしたが、龍馬が2重3重に保険をかけて土佐藩を逃がさないようにしようとしていたことがよくわかります。

情報をインテリジェンスに変える

薩土盟約の解消

薩摩と土佐の盟約締結がもう少しというところまできていた頃、タイミング悪く、長崎で事件が起こり、龍馬は長崎で足止めをくらって、土佐藩の中での動きがとれなくなります。

その事件とは、イギリス船の水夫が二人殺されたというもので、その犯人が海援隊の者ではないかと嫌疑がかけられたのです。

龍馬が、この事件から解放されるのは、9月10日のことなのですが、この数日前の9月7日に、京都では西郷と大久保が後藤と会って、薩土盟約の解消が決まってしまっていました。

解消の理由は、土佐藩の案が山内容堂の意向で変更され、慶喜の将軍職辞職の文言が削られてしまったからです。

薩摩藩では、慶喜が退かねば、大政奉還が実現しても、彼が政治の実権を握《にぎ》る可能性があり、意味がないと考えられていたのです。

こうして薩摩と土佐は、別々の方法で運動を進めることになりました。

龍馬は、盟約解消の話を9月20日に下関で、伊藤博文《ひろぶみ》から聞きます。

このとき、すでに薩長は出兵し、政変を見越して、新政権を創設することも決めていました。龍馬は、「板垣退助と会って打合せしてから上京します」と桂に手紙を残して、1000挺ほどの銃をもって土佐へ急ぎました。

9月24日に龍馬は土佐に入り、藩の重役に薩長の動きを告げて、自分が持ってきた銃を買い取り、それで武装して、土佐も藩兵を上方へ送るように進言し、容堂を説得します。

容堂は討幕の意思はなかったと思われますが、藩の面子《めんつ》にかけて藩兵の派遣に同意しました。

その後、龍馬は、しばらく実家に立ち寄り、10月初旬に京都に入ります。

ちょうど後藤たちが大政奉還の建白書を薩摩に見せ、幕府に提出する同意を取りつけ、提出を受けた慶喜が大政奉還をまさに決心しようとしているときでした。

龍馬は、このとき土佐藩の代表として二条城へ慶喜を説得に行く後藤に手紙を送り、

「薩摩の要望通り、慶喜から実権を取り上げるようにしなければならない。命に代えてもやってもらいたい。それができないなら自分が慶喜を討つ。そうでないと薩長に面目《めんもく》が立たない」

と彼を脅《おど》しています。

そして10月の14日、慶喜が大政奉還を上表します。

しかし、いきなり政権を返された朝廷は、それを持てあまし、コントロールが効《き》かなくなります。

こうして、薩長は軍事行動の準備を進め、鳥羽伏見の戦いへつき進んでいくことになります。

このあと龍馬は10月28日に越前藩に行き、春嶽の上京を促し、由利公正や永井尚志《なおゆき》らと

新政府の構想について語り合いました。

そして11月に京都に戻り、15日の夜に暗殺されることになるのです。

大政奉還を実現したインフォメーション

1867年の出来事を駆け足で振り返りました。

1月に後藤と和解し、4月に海援隊を発足、6月には薩摩と土佐を組ませ、10月には大政奉還を実現させたわけです。

たった10ヶ月ほどのあいだに、これだけのことができたのは、彼に以下のようなインフォメーションが集まっていたからです。

・土佐藩のことを思って死んでいった仲間がたくさんいる。自分も故郷に貢献したい。

・土佐藩士で薩長との仲介ができるのは、もはや自分と中岡くらいしかいないし、土佐藩をバックにつけて動いたほうが、自分自身の交渉力は高まる。

・薩長同盟がかたちになったことにより、両藩の直接対話が始まれば、自分の存在価値が薄れ、財政状況の悪い亀山社中は、薩摩にとって財政的なお荷物になる。

・幕府を倒したい薩長の思惑、徳川家を立てつつ、勢いのある薩長とうまくつき合って、政治の主導権を持ちたい土佐の思惑がある。

・慶喜の率いる幕府には日本を守れない。挙国一致の雄藩連合を結成するしか、外国の勢力に立ち向かう道はないのに、国内で大きな内紛を起こしては、日本の植民地化を狙う諸外国の思うつぼになる。

龍馬は倒幕を考えてはいましたが、なるべく武力を使わないほうが得策と考えていたようです。

少しでも内紛が起きれば、それは外国につけこむ隙《すき》を与えることになるからです。

しかし、薩長の要人は、それまでの幕府との経緯があり、ガチガチの武力倒幕になっていることを龍馬は知っていました。

そこで、徳川家に恩義のある自分の出身の土佐藩を巻き込むことで、なんとか薩長の勢いに、ブレーキをかけたいと考えていたように思います。

当時の日本で、ここまでのインフォメーションを持って、インテリジェンスを組み上げていたのは、わずかな人しかいなかったでしょうし、インテリジェンスを組み上げていても実際に要人たちと、一対一で話ができたのは、龍馬くらいしかいなかったのではないでしょうか。

これまで全国をまわって培《つちか》ったネットワークがあったからこそ、インテリジェンスを基に行動できたのです。

第2章のまとめ

この章では龍馬が勝のもとを離れてから、大政奉還を成し遂げるまでの経緯を追いながら、その背景にあった彼のインテリジェンスについて見てきました。

勝に出会うまでの龍馬は、尊皇攘夷を訴える若者たちと一緒に行動し、彼らの熱い想いには賛同しつつも、心にわだかまりがありました。それは情報を整理し広い視野で行動計画を立てると言うことが龍馬にも仲間の侍たちにもできていなかったからです。

しかし、龍馬は勝やそのまわりの知識人と交流することで、良質な情報を得て、インテリジェンスをもつことの大切さを学びます。そしてそれが海軍塾以来自分についてきてくれる仲間たちを守ることに繋がることを知ったのです。

そして龍馬は、インテリジェンスをつくるためのインフォメーションを集めるようになります。インフォメーションは、自分が足で稼ぐのとは別に、社中の仲間が集めたでしょうし、グラバーや土佐藩からも、何らかの情報ルートがあったのかもしれません。

そうして集めた情報を組み上げることで、人と違う方向を向いて動くことができたし、時代の先を見通すことができ、多くの仲間をひっぱっていくことができたのです。


現代の我々には飛行機や新幹線があり、龍馬の時代よりも簡単に世界や全国をまわり、情報を取りに行けます。また、インターネットや週刊誌を読めば、あまり表に出ていない情報を拾うこともできるのです。しかし、氾濫《はんらん》する情報を整理する能力が追いついておらず、インフォメーションのまま情報を使いきれていないのです。

もし、皆さんが龍馬のように多くの仲間をつくって、率いていきたいと考えられるのであれば、インテリジェンスを組み上げて、みんなの行動指針になる「旗」を掲げる術を身につけることを、オススメします。

第3章
Management mind

仲間を率いる

龍馬の経営マインド

龍馬のエピソード3

1～2章では龍馬が生まれてから、32歳で暗殺されるまでの歩みを追いながら、龍馬が人と出会い、どのように成長していったのか、どんな情報をもって、彼なりのインテリジェンスを組み上げ、行動してきたのかを見てきました。

ここまでで、あまり龍馬のことを知らなかった人にも、龍馬の歩んだ軌跡《きせき》を知ってもらえたかと思います。

多くの人と出会い、たくさんの情報を持っていたからこそ、国の政治の流れを変えるような働きができたのですが、龍馬の行動を見るときには、その行動を支えた経済活動にも注目せねばなりません。

龍馬は脱藩していますから、その後、土佐藩からの俸禄はなかったわけで、彼の活動資金に注目すると、また違ったリーダー像が見えてきます。

私がなぜ活動資金に着目するかというと、それは私自身が活動資金に苦しむ政治の仕事をしているからです。

現代の政治家も、議員のバッジがあるときは、国や自治体から歳費《さいひ》がもらえるので、それで生活と政治活動ができますが、多くの政治家は落選した瞬間に無収入になります。「猿は木から落ちても猿、しかし政治家は選挙に落ちると、普通の人以下になる」と言われたりもするのです。

せっかく志を持って、政治に邁進《まいしん》していても、世の中の「風」に乗れないと、能力に関係なくバッジが奪われ、自分だけでなく、家族までも路頭《ろとう》に迷わせてしまうのが政治家の仕事です。

この落選の期間に政治家をやめていったり、特定企業のお抱え政治屋になってしまったりする例を、少なからず見てきました。こうした現実とリスクが、能力と収入のある人が政治の世界に飛び込まない原因にもなっています。

私は政治の世界に入って8年半がたちますが、最初の5年半は議員バッジを持ち、後半の3年は議員浪人のような状態です。私は議員であるときに浪人になる仲間を見ていましたから、その大変さを知っていましたし、歳費に頼らないお金のつくり方も考えておかないと、長く政治はできないな、と思っていました。

そこで、選挙に落ちて一番最初に考えたことが、次の選挙に通ることではなく、いかに活動資金を集めながら、自分の信じる政治活動を継続し、仲間をつくって思いを広げていくかということでした。

私はこの発想を龍馬から学んでいたのです。

龍馬も脱藩した段階では、まったくの無名で、ほぼ無収入になったはずです。

実家がある程度裕福であったとはいえ、全国をまわる旅をしたり、仲間と料亭で飲み食いをしたり、吉田松陰並みに筆まめ（約130通の手紙が現存）な龍馬が、当時1通出すのに数千円～十数万円もした手紙を、いろいろなところに出していくには、それなりの資金が必要であったわけで、さらに部下には、給料も払わねばならなかったのです。

彼がいかに、その資金を得ていたか、彼の資金調達法や経営手法も見なければ、本当の龍馬の実力をはかることはできないでしょう。

この章では龍馬にまつわるお金の流れと、その経営手法を見ていきたいと思います。

活動資金は、どう調達するか

龍馬は公費を横領《おうりょう》していた

龍馬が脱藩したのは1862年3月、彼が28歳のときです。

このときの龍馬は、土佐勤王党の仲間や、親せきからお金を集めていた記録があり、当時のお金で、20両ほどしか持っていなかったのではないかと推定されています。いまの価値に直すと、1両が大体8〜10万円といわれているので、多く見積もっても200万円程度、つまりきりつめて1年、生活できるかどうかの資金しかなかっただろうと思われます。

脱藩した直後の龍馬の足取りは記録がないのですが、7月には大阪で土佐勤王党の樋口真吉《しんきち》に会い、1両の援助をもらったことが記録に残っています。

その後8月には、江戸に入り、かつて剣術修行をした千葉道場に居候《いそうろう》していたと考えられています。若者が困ったら知り合いのところに転がり込むというのは、いまも昔も変わらないようです。

その後、この年の12月には、勝海舟の門人になっていますから、ここでいったんは、お金の心配はなくなりました。

当時の勝の禄は2000石で、いまの金額に換算すると2億円くらいの収入です。門人になった喜びを姉に手紙で送っていますが、ただ勝海舟という人物に出会えたことだけではなく、半年間、当てもなく放浪し、金銭的にも困窮《こんきゅう》していた状態から解放された喜びも大きかったのかもしれません。

このあと、龍馬は勝のもとで海軍塾を運営していくわけですが、主な運営資金は幕府から出ていました（年間3000両＝約3億円）。

じつは、このときの設立準備資金を、龍馬はちゃっかり使い込んでいたことが資料に残っています。その額は50両。のちに経理の幕府の役人が気づいて返すよう要求しましたが、龍馬らにその財力はなく、役人は勝に報告し、龍馬ら個人に貸しつけたかたちになっています。

幕府のお金は、いまで言うところの政府の予算、税金ですから、現代なら横領で刑事事件ものということになりますが、まだ大らかさが残っていたのか、使用用途に合理性があったからなのかは想像するしかありません。

20代の龍馬はお金に苦労しており、まだまだ人間的にも未熟だったことが窺《うかが》えます。

江戸時代の経済と商法

江戸時代において、「経済」とは経世済民《けいせいさいみん》のことであり、いまの我々がいう経済活動は「商法」といわれていました。当時の日本人は立派で、経済活動は国を治め、民を救うためにおこなうものと考えていました。

ここで少しトリビアを紹介します。江戸時代の武士の給料は「○○石」というように、お米で支払われていたことは皆さんもご存じかと思いますが、これは日本が非文明国で、貨幣経済が発達していなかったからでしょうか。

違いますよね。江戸時代の日本の算術は、当時の世界の最高レベルに達しており、米市場では、世界初の先物取引ができるレベルだったわけで、金貨銀貨という貨幣もあったのです。

ではなぜ武士（公務員）の給料を米で払っていたのか。

諸説ある中で、私が一番しっくりくる説明は、「米は腐る」からというものです。

つまり米は貯め込めないのです。

もらっても食べるか、物々交換で使わなければ、置いておくと価値がなくなります。

そうなると、1ヶ所に固まらず世の中を流通しますから、それで商業活動が活発になり、国民が豊かに暮らせるわけです。

また、お米を生産する農民の地位を維持する効果もあったでしょう。

いまのお金がお金を生む金融資本主義の世界で、ものをつくる人より、マネーゲームのうまい人が豊かになる社会と比べて、どちらが幸せか、少し考えさせられます。

商売をする発想を持つ

そんな江戸時代の身分制度は、皆さんもご存じの「士農工商《しのうこうしょう》」です。

政治を司《つかさど》る者には権威を、モノを生み出す人には名誉を、それを売り買いするだけの者には、豊かさはあっても、名誉は与えられなかったのです。

よって名誉を重んじる武士は、普通は「商売」をしようなんて考えないわけですが、龍馬は違いました。

「名誉だけでは食ってはいけないし、世の中も動かない、実益を兼ね備えてこそ、初めて人も世の中も動く」

ということが、龍馬の行動原理として存在していたのです。

それは、彼が商人をルーツに持つ家系の人だったからだと、私は考えます。

そう考える理由は、じつは、私の実家も祖父の代から商売をやっていたからです。

もともとは雑貨屋でしたが、戦後の経済復興で儲かり、一族で薬局や食品スーパーを経営していました。

私の父は末っ子で、食品スーパーの経営を任されていましたので、私も小学生のときから店の手伝いをしていました。

環境が人間を育てます。

私は小学生ながらに、商売の仕組みをある程度理解していましたから、友達から読み終わった雑誌をもらって別の友達に売ったり、漫画を1000冊ほど集めて自宅に図書館をつくり、友達が読みに来たら1回いくらかのお金をもらったりして、保護者のあいだで問題にされたこともありました。

さらにいまだから言えますが、中学生のときには、店にない商品を自分のお小遣いで仕入れ、売れたら利益分を一部自分の収入にしていたくらいです。

実家が商売をしているということは、子どもでも、このくらいの知恵がつくようになります。

1章で見たように、龍馬の本家「才谷屋」は商売で成功して、分家の坂本家は「郷士」という侍の地位を買った「金上げ侍」です。

龍馬は生まれながらに、商家の環境も併せ持って育てられたことがわかります。

ですから龍馬は武士でありながら「商売」をすることに、なんら抵抗がなかったのでしょう。その証拠に、龍馬は脱藩後、「才谷梅太郎」という名前を使っています。

彼が商売に対してネガティブな気持ちを持っていたら、本家の「才谷屋」の名前を借りることはなかったはずです。

龍馬が他の侍が嫌った「商売」をして、活動資金をつくっていった背景には、こんな事情があったのです。

消えたビッグビジネスの夢

龍馬の商売のセンスは、勝海舟のもとで磨かれることになります。

先に述べたように１８６３年の秋に、龍馬たちは海軍操練所を開講するのですが、その操練所の要項には、次のような項目がありました。

・越前藩から船を借り上げて、大名の参勤交代《さんきんこうたい》や荷物運搬に利用、運営は操練所のメンバーが担い、その収入を操練所の運営費にあてる。
・兵庫の炭鉱の石炭を操練局で管理販売し、その収入を運営費にあてる。

これは完全な商売です。

勝と龍馬のすごいところは、ただ幕府のお金で海軍学校をつくろうとしただけではなく、こうして、運営費も商売によって自分たちで捻出《ねんしゅつ》する構想を持っていたことです。

このときの勝は、いまでいうなら高級官僚、龍馬は防衛大学校の学生兼職員です。

現代の公務員が学ぶ点がたくさんあるように思います。

しかし、こんなビジネスを考えたのは、龍馬たちがオリジナルではありませんでした。

私は福井県の高浜町というところの出身ですが、私の故郷は龍馬たちの時代には、「小浜藩」と言われていました。

この小浜藩には、吉田松陰とも親交があり、安政の大獄で処刑された梅田雲浜という脱藩浪士がいました。梅田雲浜は1856年頃から船問屋などの商人と結んで、各地の産物の交易に協力することで、商人から資金を得るというビジネスをしていたのです。

脱藩するような志士は、各地をまわりながら、産物の情報を手に入れることが容易だったのでしょう。

この梅田雲浜以来、脱藩浪士が商人の支援を受けて、遊説と交易活動をおこなうことは、しばしばあったようです。

ちなみに、いまのように太平洋側に日本の中心が移ったのは、明治時代以降、鉄道線路網が発達したことによるものです。江戸時代の交通の手段は、船で、日本の中心は日本海側にありました。

当時は北前船という商業船が、大阪から北海道までを結んでおり、その航路は瀬戸内から関門海峡を抜けて山陰から北陸を通っていました。

その1回の航海で上がる利益は1000両（約1億円）ともいわれています。

梅田雲浜のいた小浜のあたりも、この北前船交易で栄えていたので、雲浜たちは交易ができたのです。

こうした背景があったので、勝は事業資金を得るために、交易で財を貯え、そのビジネスの価値がわかるであろう、越前藩の松平春嶽のもとに龍馬を送ったのだと、私は考えます。

雲浜も春嶽も、いまの福井県の人ですし、あとで述べる「船中八策」にも、越前藩の由利公正らが大きく関わっていますから、龍馬の偉業を語る際には、高知や鹿児島だけでなく、もっと福井をクローズアップすべきだと思っています。

北前船の航路地図

北海道の開拓と交易

操練所開設の翌年1864年の2月には、龍馬は勝について長崎に出張にいきます。

ここで龍馬は、イギリス商人のグラバーと出会ったともいわれていますが、彼とのやりとりがなかったとしても、このとき龍馬は、海外との交易の可能性について学んだであろうことは、想像に難くありません。

しかし、まだ海外と交易をするほどの力は龍馬たちにはなく、この段階で自分たちができると思ったのは、北海道（蝦夷地《えぞち》）の開発と交易です。

同じ年の6月に、彼らが幕府に対して北海道の開発計画を提案していることからも、それがわかります。

この事業の建前は、京都にあぶれているような尊王攘夷派の過激浪士を北海道に送り、国土開発とロシアからの国防にあたらせることで、国内の争いで無駄死にする若者を救いたいというものでした。

しかし一方で、龍馬らが北前船の交易を知っており、雲浜らの交易を下敷きにしていたとすれば、北海道などの物産交易が、どれほどの利益になるかを計算していたはずです。私が龍馬なら、幕府から船の使用許可と資金を受けて、行きは関西の治安維持・開発・国防のためと、大義を掲げて、人を大量に送り込みます。蝦夷地で仕事の斡旋業もするかもしれません。

そして、帰りは北海道の物産を大量に積み込んで、関西で売りさばきます。

運航費は幕府持ち、商売の利益は自分たちに、幕府お墨付きのビッグビジネスになるのです。

当時の人からすると北海道は、いまの我々から見る外国のようなところでしょう。

そこに行ってビジネスを始めようという、発想がすごいです。

ここにも龍馬に学ぶ、大きなポイントがあります。

この計画は、あいにく同時期に起きた池田屋事件で、北海道開拓プロジェクトのチームリーダーが死亡し、さらに海軍操練所自体が当時幕府の敵だった長州藩士や尊王攘夷派のたまり場ではないかと嫌疑をかけられ、閉鎖させられることになって、完全にストップしてしまいます。

このあとの龍馬がつくる亀山社中の事業計画にも、北海道の開発事業は大きく明記されています。

しかし、結果として龍馬の蝦夷地開拓の夢は日の目を見ず、その構想は龍馬の甥の高松太郎に引き継がれます。

高松は、維新後に、政府に蝦夷地開拓に関する建白書を提出し、函館府の参謀として北海道に赴《おもむ》いていくことになるのです。

お金を動かし、人を巻き込む

龍馬たちが始めた商売

神戸の操練所が閉鎖された後、龍馬たち元海軍塾生は、勝海舟の紹介で知り合っていた西郷隆盛のいる薩摩藩を頼ることになります。

当初は薩摩藩の船の乗組員として、アルバイトのようなかたちで働いていたといわれていますが、１８６５年の5月には薩摩藩から投資を受け、長崎に「社中」を立ち上げます。

亀山というのは長崎の地名で、亀山にある「社中」なので、のちに「亀山社中」と呼ばれるようになったのです。

この亀山社中は、政治結社としての側面と、商社としての側面を持っていました。

商社的側面から、当時の資料を見ると、亀山社中の給料は3両2分という記録があります。

いまのお金にして、約30万円です。

社員も10名ほどはいるわけですから、毎月少なくとも300万ほどの資金がいります。

そこで、龍馬たちが始めた商売が武器の売買です。

龍馬を平和主義者だったという人がいますが、平和主義の武器商人なんていないでしょうか。龍馬は聖人君子ではなく、リアリストで算盤《そろばん》のはじける人物だったと思われます。

しかし、一方で、この武器ビジネスには、政治的な思惑が先にあったことは、2章で見たとおりです。

当時幕府と対立し、外国商人から直接武器の購入ができなかった長州藩を支援するため、亀山社中が、イギリス人の武器商人のグラバーから薩摩藩名義で武器を購入し、長州藩に横流しする、というビジネスでした。

いまでいうところの武器の密売で、見方を変えれば、政府転覆を企《たくら》むテロリストとも思《おぼ》しき行動です。

また、1865年10月に、亀山社中は武器だけでなく、ユニオン号という軍艦も長州に売っています。

このときの取り決めは、薩摩藩の名義で長州藩が買い、ふだんの運用は亀山社中がするというものでしたが、このやりとりは、あとでもめごとへと発展します。

購入後に、長州が船を自分たちで使わせてくれと言ってきたからです。

それについては、薩摩藩も首を縦に振りませんでした。

亀山社中の管理下であれば、薩摩のコントロールがある程度効くことになりますが、まだ信頼関係が十分でない長州に、そのまま軍艦を渡すのを薩摩藩はためらったのです。

困ったのは龍馬たちで、長州と薩摩のあいだで板挟みとなります。長州の桂小五郎から、龍馬に送った、「なんとかしてくれ」という趣旨の手紙も残っています。

結局、亀山社中の妥協で、ユニオン号の運用は長州に任され、乙丑丸《いっちゅうまる》と名前を変え、1866年の第2次長州征伐に使われました。

龍馬を含む亀山社中のメンバーは、この船に乗って、幕府軍と戦ったといわれています。

このとき、亀山社中が武器と軍艦の斡旋で、長州から得たお金は、少なく見ても総額13

万両です。1両を10万円と換算すると、なんと130億円のビジネスになります。

1％の手数料をとったとすれば、これだけで1億3000万円程の利益になりますが、龍馬たちはどうもそんなに手数料をとれなかったのではないかと考えられます。

先にも述べましたが、当時の武士のあいだでは、商品を仕入れて、それに利益をつけて売ること自体がはしたないという感覚があったようで、十分な手数料をとることはできなかったと思われます。

ユニオン号売買後の第2次長州征伐のときに、長州が薩摩に送った500石の米を薩摩が受けとらず、龍馬がもらったというエピソードもありますが、これもどこまで本当かはわかりません。500石の米は、ざっと5000万円くらいの価値です。

もし、この時期に龍馬が大金を手に入れていたとすると、その1ヶ月ほどあとに、亀山社中が財政難に陥り、龍馬がリストラを考えていたという事実と辻褄《つじつま》が合わなくなるのです。

亀山社中の経営状況

こうして亀山社中は、ユニオン号の運用権を手に入れ損ねたため、自分たちの船がどうしても欲しいと、１８６６年の3月にグラバーから、ワイルウェフ号という西洋帆船を購入しています。

通説では薩摩藩が買い与えたことになっていますが、薩長同盟をうまく結ばせた龍馬らへの報償でしょうか、それともこっそり武器売買で貯めたお金で、龍馬たちが自分で買ったのか、グラバーと龍馬のあいだに密約でもあったのか、真相はわかりません。

とにかく亀山社中は、念願の船を手に入れるのです。

しかし、やっと手に入れたワイルウェフ号は、翌4月の初航海で座礁《ざしょう》し、沈没してしまいます。

船を失った亀山社中は、仕事ができず、１８６６年の夏頃には、抱える船員たちに給料が払えない状態になりました。

そこで龍馬は、当時諸藩で西洋船の購入がブームだったところに目をつけて、諸藩に船員の貸し出しを考えるのです。

いまでいうところの人材派遣業を始めたわけです。

このときに、社中のメンバーが派遣された先の一つが大洲藩です。

じつは4月にワイルウェフ号を失った龍馬は、大極丸という船を1万2000両で買おうとしましたが、さすがにこのときは、薩摩藩も、もう保証人にはなってくれず、資金調達もできずに断念せざるを得ませんでした。

しかし、龍馬はなんとか自分たちが使える船を手に入れたいと考え、長崎に武器の購入に来ていた大洲藩の国島六左衛門に対し、薩摩の五代友厚と組んで、無理やり「いろは丸」という船の斡旋をします。

大洲藩は、わずか6万石の小藩であるにもかかわらず、龍馬は160トンの蒸気船である、いろは丸を国島に買わせてしまうのです。

じつは、このいろは丸は、もともと薩摩藩が持っていたもので、亀山社中のメンバーにはなじみの船であり、購入時に、船の運用は、亀山社中の人材派遣で、なんとかするからと国島を説得していたようです。

ただ、この蒸気船の購入は大洲藩で大きな問題となり、その責任をとって国島は自害することになります。こんなに無理をしてまでも、なんとかビジネスをやろうとしていた龍馬の行動を見ると、亀山社中はビジネスで、大きな利益を上げられていなかったことがわかります。

また、龍馬がフリーメイソンに入会していた、グラバーの手先として動いていたという説もありますが、龍馬がグラバーとつながっていたことは間違いないにしても、亀山社中の動きを見ると多額の資金援助を受けていた、ということは考えにくいのです。

このように、龍馬はアイデアマンで、営業力もあったので、多くのモノとお金を動かし、人を巻き込むことができたのです。

ここは大いに学ぶところでしょう。しかし一点、商売運には恵まれていなかったことは残念です。

社中から海援隊へ

1866年8月に、第2次長州征伐が長州の勝利で終わったことは、すでにお話ししました。

その陰には龍馬の活躍があったわけですが、この頃の龍馬は経済的には困窮していましたし、薩長は直接に手を結びだし、仲介人の龍馬の存在価値は少し下がっていました。

よって龍馬が手に入れたかった大極丸の購入資金も、薩摩藩が肩代わりしてはくれなくなっていたのです。

そんな龍馬に目をつけたのが、先述の後藤象二郎です。

後藤は、事前に龍馬と関係の深い溝渕広之丞に、龍馬に土佐のために働く気持ちがあるかを確認させたうえで、長崎の龍馬に会いに来ています。

後藤の狙いは、龍馬を仲立ちに、薩長との連携をはかっていくことであり、龍馬のほうは日本や故郷土佐藩のために働くこともさることながら、50人ほどもいる自分の部下を食わせていくことが、現実的な課題でした。

そこで二人は2章でも述べた3つの基本方針を決めて、連携を決めたのでした。

龍馬が欲しかった船の購入代金についても、土佐藩が肩代わりしています。

この二人の取り決めにより、「社中」は「海援隊」にモデルチェンジします。

やることは亀山社中と変わらないのですが、一番大きな違いは、赤字が出た場合は土佐藩が補てんするという取り決めがあったことです。この取り決めにより龍馬は精神的にかなり楽になったものと思われます。

仲間には少しでも、いい思いをさせたい

私も23から26歳まで、父の会社の経営を手伝ったことがあります。これも今だから言えますが、手伝った理由は、会社が赤字で倒産しそうだったからです。しかし、経営する側は、従業員に経営不振のことは言えません。どんなに赤字でも、給料は払い続けていかねばならず、当時会社の固定費で一番大きなものは人件費でした。

私は今も小さく会社をやっていますが、そこでも働いてくれる社員がいるので、彼らに給与をしっかり払うことの責任意識は、いつも頭の中にあります。

龍馬は勝のもとで、自分が声をかけて集めた仲間には、少しでもいい思いをさせたかったのだと思います。自分を信じて集まってくれた仲間だからです。

龍馬は、土佐勤王党の敵とみなされていた後藤象二郎と手を結んだことを、姉の乙女から手紙で叱責《しっせき》されたことがありましたが、それに対して手紙で、

「自分には何十人も部下がいて、彼らにちゃんとお金も払わねばならないのだから、利益の計算もしないといけないのだ。そんな気持ちは姉さんにはわからないでしょう」

と伝えているところからも、龍馬の思いがくみ取れます。

実際に、土佐藩から海援隊のメンバーには、月5両（40～50万）の支給がされるようになり、先に述べた社中の給料3両2分より、ずいぶん待遇はよくなっています。

そして、この海援隊に給料を支払う役を担ったのが、土佐商会の責任者で、のちに三菱をつくった岩崎弥太郎です。

岩崎の日記を見ると、この当時かなりの頻度《ひんど》で、龍馬と酒を酌《く》み交わしていたようですが、龍馬たちはいつも岩崎にお金の要求をしていたこともわかります。

また、岩崎の他にも、龍馬は土佐藩の重役にたかっていたことが、当時の資料からわかります。龍馬は隊士らと飲んでいる最中に、当時長崎にいた藩の重役を呼び出して参加させ、支払いをまわしたりしていたのです。

こうした実態を見ると、龍馬は一級の人たらしで、スポンサーを見つけて、お金を引っ張ってくるのが、うまい人物であったこともわかります。

なんとかして資金を集めて、仲間の面倒を見ていこうとする姿に、多くの部下がついてきたのでしょう。これも龍馬の大きな魅力です。

相互に利益をもたらす関係性を構築する

世論を味方につける

アイデアマンで営業力があり、資金調達もうまかった龍馬ですが、彼はビジネスマンや政治家に欠かせないPRのスキルも高く持っていました。

皆さんはPRというと「自己PR」などを連想し、紹介や宣伝のようなものだと思っていませんか。

「PR」とは、パブリック・リレーションズの略で、アメリカでPRのバイブルとも呼ばれる『体系パブリック・リレーションズ』には、

「パブリック・リレーションズとは、組織体とその存続を左右するパブリックとのあいだ

に、相互に利益をもたらす関係性を構築し、維持をするマネジメント機能である」と定義されています。

近代の戦争やビジネスにおいて、このPRの能力は欠かせないものとなっていますが、龍馬は、幕末に見事なPR能力を発揮しているのです。

ここでは、それがわかる事件を少し見ていきましょう。

1867年の4月23日、海援隊の運航する「いろは丸」が、瀬戸内海で紀州藩の「明光丸」と衝突し、沈没してしまいます（大洲藩が購入したいろは丸を、このときは土佐藩が借りているかたちでした）。

いろは丸の沈没前に、龍馬たち乗組員34名は、「明光丸」に乗り移り、いまの広島県の福山にある鞆《とも》の浦に寄港します。

そこで24日から4日間、龍馬らと紀州藩の交渉がおこなわれました。

紀州藩は最初、責任を認めず、藩の重役を送るために交渉を打ち切り、長崎へ向かおうとします。

それに対して龍馬は、もし交渉を棚上げするのであれば事故処理費用の一部として、1

万両（約10億円）をおいていくように要求しますが、紀州藩はわずかな見舞金でごまかそうとしました。

この見舞金を龍馬は一銭も受けとらず、最低でも1万両だと固執します。

すると紀州藩は、1万両を払うから返済期限を指定しろと言ってきたので、龍馬は「1万両は一時金であって、期限付きで返済する性質のものではない」と突っぱねます。

結局話はつかず、交渉の場は長崎に移されました。

しかし龍馬は、長崎に戻る前に航海日誌など、事件の詳細な記録を薩摩藩の西郷隆盛や小松帯刀、中岡慎太郎に送って、のちには長州の桂小五郎にも連絡を入れています。

つまり、紀州藩との交渉の後ろ盾《だて》になってくれ、という根回しを先におこなっているのです。

このあと、長崎で紀州藩との交渉が再開されますが、紀州藩は徳川御三家の威光《いこう》を笠《かさ》にきて、責任を認めないばかりか、長崎奉行所《ぶぎょうしょ》に根回しをして、自分たちに有利に交渉を進めようとしました。そこで、龍馬の側は、土佐藩と長州藩が同盟を組んで、紀州藩と一戦を交えるという、うわさを流したり、

「船を沈めたその償《つぐ》いは　金をとらずに国を取る　国を取ったら蜜柑《みかん》喰う」

といった歌をつくり、長崎の花街で芸者などに歌わせ、紀州藩の権威に対し、他藩や世論を味方につけることで、交渉を有利に進めていきます。

これぞ、まさに現代でも通用するPRです。

世論を味方につけた後、龍馬は「万国公法」（国際法）を持ち出し、紀州藩の船に事故の当時、見張りがいなかったことや、事故処理をせずに、龍馬らを鞆の浦に置き去りにしたことなどを責め、最終的には全面勝利に持ち込んでいきます。

PR活動で難局を乗り切る

龍馬の天性の才能でできたこのPR作戦ですが、これは現代の日本人がかなり苦手なもので、先の大戦も日本はこのPRで、すでに負けていたと考えられています。

現代にもつながる話で、龍馬のやったことのすごさがわかるので、先の大戦中のケースを一つ説明します。

日本は1941年から始まる大東亜戦争前に、すでに中国大陸で、「シナ事変」と総称される戦いを無政府状態であった「シナ」の軍閥《ぐんばつ》を相手にずっと続けていました。当時の日本軍は抜群の戦闘能力を持っており、実際の戦いでは連戦連勝を繰り返していたのです。

ここで形勢不利と見た「シナ」の軍閥がPRに利用したのが、「田中上奏文（田中メモリアル）」と呼ばれる偽書《ぎしょ》です。

これは総理であった田中義一が、1927年に天皇に提出したとされるもので、日本が世界征服の足がかりとして、満蒙《まんもう》（満州《まんしゅう》・蒙古《もうこ》）を征服する手順が説明されている書類でした。

「シナ」の軍閥やソ連のコミンテルンは、この文書を世界中に拡散し、日本が世界征服を企む危険な侵略国家であると宣伝し、満州事変以降日本を孤立させ、対日包囲網を組んで日本を敗戦に追い込んでいった事実をほとんどの日本人は知りません。

現代でも中国共産党は、韓国と連携し、「従軍慰安婦《いあんふ》」なるものに焦点をあて、世界中に銅像を建てたり、「南京大虐殺《なんきん》」という事件をつくり出し、世界記憶遺産に登録したりしており、ここでも日本人はかなりやられています。

パブリック・リレーションズにおける日本の第一人者である井之上喬《たかし》氏は、「パブリック・リレーションズとは、個人や組織体が最短距離で目標や目的を達成する、『倫理観』に支えられた『双方向性コミュニケーション』と『自己修正』をベースとしたリレーションズ活動である」

と定義していますが、先に挙げた情報発信には、「倫理観」がまったく感じられませんから、これはPRというより「プロパガンダ」と言っていいと思います。

発信者の狙いは、日本の国際的な信用を落とし、今後、日本と紛争が起きたときに、国際世論を確実に自分たちの側につけたいということです。

龍馬がおこなったことは、まさにこれらと同じで、PRを活用した現代でも通用する「情報戦」だったということを皆さんに知っていただきたいのです。そして結局、龍馬は紀州藩から、7万両の損害賠償をもらうことに成功します。

この金額の内訳を見ると、3万5000両は沈んだ船の代金で、残りは船に積んでいたと龍馬が主張した金の代金です。

しかし、本当に、それだけの金が積んであったという証拠はどこにも見当たりません。

一級のPR能力で、徳川御三家の紀州藩を相手に、大金星を上げた龍馬の能力を、ただすごいと憧れるだけではなく、我々は龍馬に学んで、現代におけるビジネスや政治交渉に活かしていきたいものです。

余談ですが、海援隊で龍馬を支えていた陸奥宗光《むつむねみつ》は、龍馬暗殺の犯人を、この事件で恨みを持った紀州藩士だと考え、龍馬の亡き後、紀州藩士の襲撃事件を起こしています。また龍馬のこうした交渉術やPR能力を横で学んでいた陸奥は、維新後、明治政府で外務大臣となり、列強を相手に幕末以来の不平等条約の撤廃《てっぱい》を進めていくのです。龍馬の腹の据《す》わったPR活動は、日本の国運にも間接的に影響をもたらしていたと考えられます。

大政奉還への道

お金を動かすアイデアをどんどん考えつく龍馬は、世の中を動かすのが軍事力とお金であることを理解していたように思います。

軍事力については、先に述べた海軍構想で明らかなので、ここではお金にまつわるエピソードを見ておきたいと思います。

1867年10月、2章で見てきたように、龍馬は後藤象二郎と和解して、幕府に大政奉還を促《うなが》しています。

このとき薩長は、慶喜の将軍職辞任にこだわっていますが、龍馬は幕府の力を奪う方法を後藤に提案しているのです。

それは、江戸にある貨幣鋳造所《ちゅうぞうしょ》を京都に移すことでした。

つまり、幕府の持つ通貨発行権を、取り上げてしまおうということです。

当時世界各国で、この通貨発行権をめぐって政府と商人のあいだで、争いが繰り広げられていました。龍馬が、どこまでそのことを知っていたのかはわかりませんが、通貨発行権を握ることは、その国を動かすカギになると、理解していたことは確かなようです。

そして、龍馬は、この理屈のわかる侍を一人知っていました。

それが、越前藩の由利公正（三岡八郎）です。

由利公正の考え方

由利公正（三岡八郎）は、越前藩の財政担当者で、藩が財政難で苦しんでいた折、藩の農民や商人が生産資金の調達に苦しんでいることを知り、藩の信用で藩札5万両（約50億円）を発行し、生産者に貸しつけました。

そして生産性が高まったところで、長崎を窓口に海外交易をおこない、海外から金や銀を獲得し、2〜3年で藩の財政を立て直した経験の持ち主です。

そのことを知っていた龍馬は、大政奉還が決まったあと、すぐに越前の由利公正に会いに行き、新しくできる政府の資金調達方法について、彼に意見を求めました。

その問いに対して由利は、

「信用さえあれば、お金なんて石ころでもいい。朝廷に信用を担保するものがあればいいのだ」

と答えました。

龍馬は、この由利公正を新政府に推薦し、のちに新政府は由利の提案を受けて、本位貨幣とは別に太政官札を発行し、それを原資に戊辰《ぼしん》戦争などを戦っていくことになるのです。

このようなつながりを考えると、龍馬の経済や、お金に関するアイデアが、新政府にも少なからず、影響を与えていたことがわかります。

通貨発行権や世界の基軸通貨をめぐっての争いは、現代の国際社会でも続いていますし、由利がおこなった太政官札の発行は、政府紙幣の発行というかたちで、２００８年のリーマンショックのあとや、２０１１年の東日本大震災のあとなど、経済的に大きなダメージがあったときには、現代でも検討される政策です。

１５０年前に、こうしたお金と経済の仕組みもある程度理解していた龍馬には、並はずれた経済の感覚があったのです。

船中八策にも、経済の政策がしっかり明記されています。

日本のこれからを考えるときに、我々がもっとも龍馬から学ばねばならない、センスの一つだと思います。

第3章のまとめ

この章では龍馬にまつわるお金の流れと、その経営手法を見てきました。

一連の流れを見ると、理想家としての龍馬だけではなく、リアリストとしての龍馬の姿が見えてくるのではないでしょうか。

龍馬は、その生い立ちから「お金を稼ぐ」ことに抵抗がありませんでした。ですからお上からお金をもらわなくても自分たちで稼げばいいのだと考えて、自分たちの活動を自由に設計できたのです。

しかも、世の中はお金と軍事力で動いているという本質を理解していたので、それを人に語り、「利」によって人を巻き込んでいけることも知っていました。

さらに、一旦自分の仲間にしたら、面倒も見ていかねばなりません。人の特性を見極めながら、「誰をバスに乗せて、どこに座らせるか」という人事判断をしながら、いかに利益を上げて、仲間に多くの報酬を渡してあげるかという経営をやっていたのです。

そして、権力や資本力でかなわない相手には、天性の「ＰＲ能力」を発揮し、周囲の有力者や大衆を味方につけることによって、相手を封じ込めるという手法で対処しています。暗殺や戦闘によって、世の中を動かそうとする当時の世の中にあって、彼は政権交代でさえもお金の力でやってのけようという知恵を持っていました。しかも、保険として軍事力の担保も持ちながらです。

こうした龍馬のもつ経営マインドこそが、おそらく彼が幕末の志士の中で抜きんでて活躍できた理由であり、ただ理想を語るだけでなく、「利」で人を巻き込む力に、多くの仲間が集まったのだと考えます。

第4章

mental strength

へこたれない

龍馬の精神力

龍馬の行動や能力について見てきましたが、それらを支えた彼のメンタル面に、皆さんは注目したことはありますか。

小説や漫画の影響からか、龍馬は一般的に、明るく朗らかなイメージを持たれることが多いように思います。

しかし、脱藩後の龍馬の人生を見てみると、決して順風満帆な生活を送ったわけではありません。よほどの精神力や覚悟がないと、成し遂げられない行動をとっていることがわかります。

「艱難《かんなん》　汝《なんじ》を玉にす」

という言葉がありますが、まさに龍馬にぴったりの言葉だと思います。

この章では、龍馬がどんなメンタルを持って艱難辛苦を乗り越え、我々がよく知る龍馬という人物になっていったのかを学んでいきたいと思います。

死をも恐れずに意志を貫く

研ぎ澄まされた死生観《しせいかん》

龍馬の活躍の源泉には、死をも恐れない強い意志がありました。
詠まれた時期は定かではありませんが、龍馬が詠んだ和歌で、もっとも有名な、

「世の人はわれに何ともゆはばいへ　わがなすことは　われのみぞしる」

という歌からは、彼の人生の目標に対する強い意志が感じとれます。
最初に、そんな龍馬の死生観について見ていきたいと思います。

まだ仲間の死を経験していなかった頃の龍馬は、1863年3月の姉への手紙で、

「人の一生は合点のいかないもので、運の悪いこともあります。風呂より出ようとして、睾丸《こうがん》を打って死ぬ人もいます。私は運が強いので、死ぬような場所に行っても死にません」

と書いていて、死というものを少し軽く捉《とら》えていた節があります。

しかし、この3ヶ月後の6月29日に、同じく姉に宛てた手紙では、内容がだいぶ変わっています。

「私は長生きできないかもしれません。とはいっても、簡単に死にはしません。この世の中に生きていても、何の役にも立たない人間になったら死ぬしかないが、私はこすくて嫌なヤツなので、それまではそう簡単には死にません。低い身分に生まれましたが、一人の力で天下を動かすような運命にぶつかるかもしれませんから」

この2つの手紙が書かれたあいだに、かつて行動をともにしていた土佐勤王党の仲間が、政情の変化で切腹をさせられるという出来事がありました。

龍馬は、仲間の死を身近に経験して、自分は少しでも生きて、天下を動かすような仕事

をしたいという気持ちが、強くなったのでしょう。
こうした龍馬の考え方は、1859年の7月、江戸伝馬町の獄中にあった吉田松陰が、手紙で高杉晋作に説いた死生観に一致していると私は感じます。

「死は好むべきにも非ず、亦悪《またにく》むべきにも非ず。
道尽き心安ずる、すなわち是死所《これししょ》。
世に身生きて心死する者あり。身亡びて魂存するものあり。
心死すれば生くるも益なし。魂存すれば、亡ぶも損なきなり。
死して不朽《ふきゅう》の見込みあらば、いつでも死ぬべし。
生きて大業の見込みあらば、いつでも生くべし」

龍馬は直接、松陰に会ったことはありませんが、ひょっとすると、このときまでに、高杉晋作からこの松陰の教えを学んでいたのかもしれません。

寺田屋事件と死の覚悟

龍馬の死生観は、当然彼の行動に反映されています。

1866年の1月23日、つまり薩長同盟の密約が成立した2日後のこと、長州藩士、三吉慎蔵と一緒にいた龍馬は、伏見《ふしみ》奉行所の役人に襲われ、逃げる途中で怪我を負って動けなくなっていました（寺田屋事件）。

一緒にいた三吉は、

「敵の手にかかって死ぬくらいなら、この場で一緒に割腹《かっぷく》しよう」

と提案しますが、龍馬はあきらめず、三吉を一人で薩摩藩邸に送り、助けを呼んでこさせ、なんとか九死に一生を得ています。

見方によっては、武士としての潔《いさぎよ》さがないと捉えることもできますが、松陰の言葉「いまはまだ死ぬときではないと考えたなら、どんなことをしてでも生き抜け」という考えに通じるものがあると感じます。

こうして命を取りとめた龍馬ですが、このあと龍馬が送った手紙から、この事件をきっかけに一層「死の覚悟」を固めるようになったことがわかります。

まず、この年の12月には兄への手紙で、死ぬときに、そばに置いておきたいから、家宝の刀を譲ってほしいと頼んでいます。

また1867年の10月13日、まさに大政奉還が実現しようとしていた前日には、後藤象二郎に手紙を送って、

「あなたが大政奉還の説得に失敗したら、私が慶喜公を討って、自分も死ぬ」

という趣旨の手紙を送り、後藤を脅していたことは先にも述べました。

本気で命をかけた訴えだったのでしょう。

さらに、この時期、龍馬は自分の人生の総仕上げをしようとしていたことが、殺される直前の1867年11月11日に、知人である侍に送った手紙からも感じとれます。

その内容は、

「あなたも、いまは命を大事にしてください。事を為《な》すのは、今です。

私も方向を定め、命をかけてやります」

というもので、死を意識していたことが強く感じられるものでした。

以上のような死生観をもって、命がけで挑んだからこそ、龍馬は5年ほどの短期間で、日本の歴史の流れを変えるような偉業を成し遂げたのだろうと思います。

現代でも70年遡《さかのぼ》れば、戦争で命をかけて戦った先人がたくさんいることを、我々は知識としては持っています。

しかし、本当に、その時代のその人の立場に立って、物事を考えるトレーニングをする機会が、我々にはありません。

私は、インドネシアの独立戦争を戦い、現地に帰化した元日本軍兵士の息子さんに、ジャカルタでお会いした際に、次の質問をしたことがあります。

「日本をルーツに持ち、日本語を話す皆さんからみて、今の日本はどのように映りますか」

すると、こういう答えが返ってきました。

「日本はディズニーランドみたいです。安全で楽しそうだ。しかし、多くの日本人は世界のリアルを知らないで、小さなことで大騒ぎしているように思います」

この言葉が私の頭から離れません。

私は世界を50ヶ国近くまわってきましたが、確かに日本ほど安全で住みやすい国はありません。

しかし、だからと言ってその中だけに安住して、意識にブロックをかけ続けていていいのでしょうか。

少し目を開けば、現代でも、戦争や飢餓で死と隣り合わせに生きている人はたくさんいるのです。

もし今後、日本がグローバル化していくなら、今以上に日本人は競争にさらされて、「死」というものと向き合っていくことになるでしょう。

そういう状態にならないとわからない、というのでは「アリとキリギリス」のキリギリスです。

今の環境が「当たり前」だと思わず、「有難い」ものであるということをしっかり認識することから始めて、龍馬の行動の外側だけを見るのではなく、彼の内面の死生観にも思いを馳《は》せ、今を生きる我々の、心構えをつくる糧《かて》にすべきではないでしょうか。

何があっても絶対にあきらめない

西郷隆盛のドタキャン

薩長同盟の経緯《いきさつ》については、２章で見てきましたが、この同盟の成立の裏には、じつは龍馬の人並み外れた忍耐力がありました。

龍馬は楽天家で、気持ちのいい男のイメージがある人も多いと思いますが、ここぞというときに、彼が見せた我慢と根性には、多くのことを学べると思います。

１８６５年４月、幕府は第２次長州征伐令を発しました。

薩摩は幕府のあり方に問題を感じ、龍馬を仲介人として長州に送ります。

このときの長州の最高実力者は、桂小五郎（木戸孝允）。龍馬は桂に薩摩と手を結ぶように説得を試みます。

この時期は、長州が薩摩と禁門の変で戦ってから、1年しかたっていませんでしたから、長州藩士で薩摩を憎むものも多く、一歩間違えれば、龍馬は、殺されるかもしれないような状況でした。

仲介の役目は、命がけだったわけです。

それでもこのときは長州も追い込まれていましたから、龍馬の説得でなんとか桂も妥協し、交渉相手の西郷を待つことになります。

しかし、予定から10日たっても、西郷は長州にやって来ませんでした。

そして彼を連れてくるはずの中岡慎太郎が、一人で下関にやってきます。

西郷は、急用ができたといって下関を素通りし、中岡だけ残して京都に行ってしまった、というのです。いわゆる、ドタキャンです。

坂本龍馬の忍耐

私もよく人と人とをつなぐので、このときの龍馬の立場がよくわかります。

皆さんも想像してみてください。

もともと会いたくないと言っている相手に、その人のメリットや会う相手の気持ちも伝えて、なんとか時間をとってもらうのです。

しかも下手《へた》をしたら交渉人は、交渉相手に殺されてしまうかもしれないような説得交渉。なんとか説得して10日も待ってもらったのに、もともと自分に、交渉してこいといった本人が来ないわけです。

事情はどうあれ、私が龍馬だったら西郷に「ブチ切れ」して、この段階で交渉など打ち切ってしまう気がします。当然ですが、藩の人々を説得して西郷を待っていた桂は、恥をかかされてカンカンに怒ったでしょう。

しかし、龍馬は西郷への怒りをぐっとこらえて、なんとかこの交渉が破談にならないようにするため、頭をフル回転させせました。

そしてとっさに出たアイデアが、長州が当時喉《のど》から手が出るほど欲しい武器を、薩摩に協力させ、手に入れてくるというものでした。

ひょっとすると、これは龍馬からのアイデアではなく、同盟をなんとか結ばせたい龍馬

が、

「本当にすまない。どうしたら自分が言った薩摩の協力提案が嘘でないと、信じてもらえるか」

と、交渉を継続する条件を桂に聞いて、長州から出たアイデアかもしれません。

とにかく、なんとか長州で、桂に交渉の窓口を閉じないようにさせてから、龍馬は京都の西郷を訪問し、彼に迫ります。

「何をしているんだ、せっかくの交渉が台無しだ。長州には武器を用意すると言って、つないできたから、薩摩名義で長州に武器を買わせてやってくれ」

というニュアンスのことを言ったのでしょう。

西郷としても、長州がお金を出すのであれば、大きな損はないので、龍馬の提案を承認します。

関係をどう修復するか

そして1865年7月初旬、龍馬は長崎にいる亀山社中の仲間で、右腕のような存在

だった近藤長次郎に手紙を書いて、

「長州の伊藤博文と井上馨《かおる》が長崎に行くから、薩摩藩の小松帯刀とつないで、二人に武器や船の購入を斡旋《あっせん》してやってほしい」

と頼みます。

近藤の働きで、時間はかかりましたが、武器と船の購入は成立し、大量の新型銃が長州に運ばれることになります。

こうした取引が進む中、龍馬は何度も長州に足を運び、幕府の動静を伝えたり、長州から薩摩への米の支援を取りつけたりと、とにかく同盟成立のためにできることをやり続けます。

また長州との話し合いには、薩摩藩の黒田清隆も交えていくことで、少しずつ長州の信頼も取り戻しつつありました。

しかし、ここで起こるもめごとが、先に挙げたユニオン号（乙丑丸《いっちゅうまる》・桜島丸）の問題です。当初、船は薩摩名義で亀山社中が使うことになっていたのですが、それはあくまで密約であって、事態が表面化すると長州藩のお偉方《えらがた》が反発してきたのです。

亀山社中としても、念願の船の使用権を手に入れる話だったので、近藤も最初は譲りませんでしたが、最終的に桂や高杉に頼まれて、龍馬らが折れることになります。

これは龍馬がとにかく、薩長の関係の修復を第一に考えた結果でした。

こうしてなんとか話がつくことになり、同盟締結のため1866年1月7日には桂が大阪に到着、そして京都の薩摩屋敷に入ります。

龍馬は船の帰属問題の処理で出発が遅れて、1月20日になって、ようやく京都に到着します。

もうすでに同盟の話がついているかと思ったら、2週間も経っているのに西郷と桂のあいだで、まだ話がついていません。

西郷らからは、いったんは長州が幕府の処分を受け入れて、時間を稼いでくれといった提案でしたが、長州からすればそれでは幕府に負けたことになりますし、かといって強《きょう》硬《こう》路線を貫くため、長州から薩摩に同盟を頼むようなかたちをとれば、長州の面目が立たないということで、話が進んでいなかったのです。

龍馬は、自分と入れ違いに、長州に戻ろうとする桂を京に留《とど》まらせて、必死に説得しました。

日本を守りたいと考えて死んでいった土佐の仲間の話をしたり、国全体の利益を説いたり、怒ったり頼んだりと、いろいろな方法で話をします。

けれども桂は、龍馬のいう理屈はわかるが、藩の面目を守らねば、自分も立場がないと一歩も譲りません。

そこで龍馬は、西郷を訪ねて、こちらを説得にかかります。

一度、同盟の話し合いの場をキャンセルしたのは西郷です。

もし再度やってきた桂が、ここで約定を結べなければ、彼は自害すら考えねばなりません。

龍馬は、西郷にもかなり過激に話をしたことが想像できます。

西郷がいかに器の大きな人物であったといっても、薩摩藩のタテ社会で生きていますから、手順や面子にかかわらずにおられません。

そんな西郷に対して、龍馬は自分の命をかけて交渉をします。

こうして薩長同盟は締結された

この交渉の前夜の1月20日付で、龍馬は土佐にいる兄の長女宛に手紙を書いています。その中に、

「私も死ななかったら4、5年のうちには土佐に帰るかもしれない」

と、死を覚悟する内容の文面があります。

またもう一つ、このとき龍馬が、どれほどの交渉をしたのかを推し量《おはか》るエピソードがあります。

薩長同盟が成立したのち、龍馬は怪我を負って薩摩に湯治《とうじ》に行くのですが、そのときに西郷は、「あの人は命がけで働く国士なのだから、しっかりお世話するように」と周囲に言いつけているのです。

もし龍馬が、亀山社中で薩摩のお世話になっていて、事務的に同盟の交渉をしただけであったなら、西郷は、「龍馬を丁重に扱え」と言うことはなかったでしょう。

こうした経緯で、龍馬の必死の説得は成功し、明治維新を起こす薩長の密約が完成する

のです。

西郷のドタキャン、船の斡旋のトラブル、桂と西郷の交渉の決裂《けつれつ》と、「もうやってられない」と憤慨《ふんがい》したり、「もうダメだ」と思う気持ちは何度も龍馬に去来したことでしょう。

しかし、龍馬はあきらめませんでした。

この忍耐と執念の賜物《たまもの》が、薩長同盟だったと思います。

龍馬の交渉力を高く評価する声が多いですが、私は龍馬が現代風にスタイリッシュな交渉をしたとは思えません。

国家の大業を成すときと考えて、怒りを抑え、ときには命を張って、泥臭く、この交渉を成し遂げたのです。

我々は、この執念と、あきらめない姿勢にこそ、学ぶべきものがたくさんあるのではないでしょうか。

失敗しても、めげない

失敗とトラブルの連続

多くのドラマや本で、龍馬は、先に見たような薩長同盟や、大政奉還を歴史の裏で支えた英雄として描かれていますが、彼の脱藩後の人生は、失敗とトラブルの連続でした。

私は、龍馬の真骨頂《しんこっちょう》は、彼の精神力の強さにあったと思っています。

普通の人なら、ノイローゼになってしまいそうな失敗を繰り返しながら、なんとかめげずに続けることで、十に一つのことを成功したに過ぎない。それが龍馬の生き様だと思うのです。

時系列にそって、彼の挫折を見ていきましょう。

あなたなら、めげずにやっていけますか。

・海軍操練所

１８６３年４月、勝と龍馬は幕府から神戸に海軍所と造船所をつくる許可を取りつけます。そして５月に福井へ行き、松平春嶽から出資を取りつけ、操練所の母体となる海軍塾も同時にスタートさせます。龍馬は塾頭格の扱いでした。

そして1年たって、１８６４年の５月に正式に海軍操練所が発足します。

しかし、翌６月の５日、京都で「池田屋事件」が勃発し、ここで海軍塾から抜け出していた土佐の望月亀弥太が死亡。この事件で、神戸の海軍操練所と海軍塾は、尊王攘夷派のたまり場ではないかと幕府から疑われ、徹底的に調査を受け、同じ年の10月に、勝は幕府から役を解かれ蟄居に、１８６５年３月には、正式に海軍操練所は閉鎖されます。

海軍操練所の設立は、現代でいえば、龍馬が勝と立ち上げたベンチャー企業のようなものでした。

資本集めから始めて会社設立した翌月に、社員の不祥事があり、半年もたたないうちに営業停止に追い込まれたかたちです。

出資者に何のリターンも出せないままで強制廃業。勝のもとで希望に燃えてやった事業だけに、そのショックは相当なものだったでしょう。

・土佐勤王党の崩壊

龍馬が政治に関心を持つきっかけとなった土佐勤王党は、1861年8月に江戸で結成されました。龍馬は、その9人目のメンバーとして加盟しています。

1862年の3月には、龍馬が脱藩していますので、ここでいったんは勤王党を抜けたことになりますが、龍馬はその後も、勤王党のメンバーに、いろいろ協力してもらっているので、その動きは知っていたと思われます。

1862年の4月に、勤王党の一派が、土佐の参政であった吉田東洋を暗殺。山内容堂は過激な勤王党を疎《うと》ましく思いながらも、尊王攘夷の時勢に逆らえず、党のトップである武市半平太を、京都留守居組加役に任命し、これ以上の過激な行動を抑えることにしました。

その後、勤王党のメンバーは、尊攘派の公卿から令旨《りょうじ》を取りつけ、土佐藩の改革を訴えますが、容堂の怒りに触れ、1863年の6月に主要メンバーの切腹が申し渡されます。このとき切腹させられた平井収二郎は、龍馬と親しくしていた先輩で、龍馬もショックを受けており、姉への手紙で「むごいことをする」と、その心情を語っています。

さらに、1863年の八月十八日の政変で、京での尊王攘夷派が駆逐《くちく》されると、容堂は9月には武市半平太を投獄。

年末には、龍馬らにも土佐藩への帰還命令が出ますが、帰国すれば身の安全は保証されないので、龍馬らは、このとき2度目の脱藩をしています。

このあと、投獄された武市半平太らの罪を、後藤象二郎らが取り調べ、1年半後の1865年5月には、武市も切腹させられることになります。

龍馬は、土佐勤王党の方針には賛同できず、別行動をしていたものの、彼らの思いはよくわかっていました。

そうした中で、思いを持った仲間が藩内で、どんどんと殺されていくのは、本当につらかったでしょう。

親友であった半平太の死と、海軍操練所の閉鎖は、同時期の出来事です。

会社はつぶれるし、親友は殺され、自分もうかうかしていると、命が危ないという、非常につらい時間を過ごしていたと思われます。

・幻のユニオン号運用と近藤長次郎の死

1865年の5月に、龍馬が薩摩藩から投資を受け、長崎に「亀山社中」を立ち上げた話を、軽くおさらいしましょう。

この社中は船を使った交易をメイン事業としており、龍馬たちは自由に使える船の入手をずっと考えていました。

そんなときに薩長同盟の話があり、1865年10月に、亀山社中はユニオン号という軍艦も長州に売って、運用は自分たちに任せてもらうつもりでいたのです。

しかし、これがうまくいかず、結局この船は、長州に運用を任されることになります。

さらに悪いことに、この船の売買の交渉にあたった近藤長次郎は、この交渉の失敗の責任をとらされ、切腹してしまうのです。

それは、ちょうど龍馬が京都の寺田屋で襲撃される数日前の、1866年1月14日のことでした。

グラバーの話では、近藤は海外への密航を企て仲間に見つかり、その責任をとらされて切腹させられたことになっています。

密航計画が直接の原因であったにしても、密航を企てた近藤の胸中には、やはり船の獲得の失敗が大きく影響していたことは間違いないと思います。

近藤は、河田小龍に紹介された土佐の饅頭屋の息子で、龍馬の勧めで勝の門人となった経緯があります。

龍馬が大変頼りにしていた秀才で、亀山社中の財政運営のキーマンでした。

龍馬は日本全体のために、薩長を連携させることを最重要視し、船を長州に譲ったわけですが、この妥協が交渉にあたった近藤の気持ちに大きな影を与え、また同時に、他の社中のメンバーの不満の矛先《ほこさき》を、近藤に向けることになった、と龍馬は考えたのではないでしょうか。

近藤の死と前後して、龍馬は京都で襲われていますが、その後の治療と安全確保のために薩摩へ向かう途中、まず彼は長崎に寄って近藤の墓参りをしています。

そして、このあと社中を海援隊に編成し直す際には、「隊中の事一切隊長の処分に任す」というルールまでつくっています。

「船中八策」で議会制民主主義を謳うくらいの龍馬が、トップである自分に、このような強い権限を持たせるルールをつくるのは少し不自然です。

その背景には、自分のいないところで責任をとらされて、死ななければならなかった近藤への後悔と悲しみがあったのかもしれません。

・池内蔵太の死と亀山社中の経営破綻
亀山社中はユニオン号の運用権を失ったのち、1866年の3月に、グラバーからワイルウェフ号という西洋帆船を購入した話も、先に述べました。

先の近藤の死から、1ヶ月ほどしかたっていない時期の購入です。

しかし今度は、この船が翌4月の初航海で座礁《ざしょう》し、五島沖で沈没してしまうのです。

この船に乗っていて、亡くなったのが池内蔵太《くらた》でした。

池は龍馬と同じ土佐藩の出身で、龍馬から1年遅れて脱藩し、それ以降は天誅組《てんちゅうぐみ》の変、禁門の変などに参加し、1865年に下関で龍馬と再会して、行動をともにするようになった人物です。

龍馬の手紙からは、

「つまらぬ戦で命を落とすな」

と説得されて、亀山社中に入ったことが読み取れます。

年は龍馬の6歳下で、龍馬は彼を弟のように可愛がっていて、彼の生前にも、彼の家族に対して、池自身の志を評価する手紙を書いているくらいです。

龍馬は沈没の1ヶ月半後に、亡くなった池内蔵太ほか12名を悼《いた》んで、社中の同志とともに五島に立ち寄っています。

そして、龍馬自らが碑文《ひぶん》を書いて、土地の庄屋に石碑を建てるよう金を渡しています。相当なショックと慰霊の気持ちがあったことがわかります。

せっかく手に入れた念願の船は一瞬で沈み、大切な仲間をたくさん失い、大量の負債が残り、出資者である薩摩も、もう助けてはくれません。

そして社中では、ろくなビジネスはできていなかったので、1866年の夏頃には抱える船員たちに給料が払えない状態になりました。

現代でいうところの経営破綻です。

あなたならどうですか。同時期に薩長同盟の仲介を成し遂げたと言っても、これは密約なので当時の人々には知られていないことです。命をかけて日本を動かす仲介をした裏で苦しんだ龍馬の心は、どのような状態だったでしょう。

普通の人だったら、もう挫《くじ》けているかもしれません。

これが、挫折という側面から見た龍馬にまつわる真実なのです。


立ち上げたベンチャー企業は倒産し、かつての仲間は殺されていき、自分自身も国のため、よかれと思って行動しているのに殺されそうになり、自分の判断の影響で仲間が死に、経営は不運が続いてうまくいかず、焦ってやったビジネスで仲間を死なせてしまい、社員にはひもじい思いをさせる。

彼の華々しく見える行動の裏側には、こんな状況があったのです。

しかし龍馬は、この最悪の状況でもめげませんでした。

同時代に生きた吉田松陰を彷彿《ほうふつ》とさせる精神力です。

吉田松陰も、黒船での密航に失敗し、投獄され、それでも幕府に訴え続け、教え子にもついてきてもらえず、最後は処刑されてしまった人物です。

失敗続きの松陰でしたが、それでもめげずに「至誠」を訴え続けた指導者だったからこそ、彼の教え子が龍馬らと連携し、維新回天の原動力になるのです。

私たちはどうしても偉人や成功者のプラス面に光を当てて憧れることが多いのですが、じつは大切なことは、彼らの失敗やそれを乗り越えた過程から学ぶことなのではないかと考えています。

龍馬や松陰の苦しんだであろう姿に、私自身、何度も励まされてきました。

いつも仲間の支えがあった

私も政治家になって8年がたちますが、振り返ってみると失敗続きです。

とくに選挙に落選すると、肩書やお金も失うのでダメージが大きいです。

そして何よりつらいのは、失敗により、期待してくれる皆さんの気持ちに応《こた》えられないことです。

正直に言って、何度も、「政治家なんてやめよう」と思ったことがあります。

しかし、踏みとどまってここまで継続してこられたのは、大きく3つの理由があります。

一つは、26歳のときに父が経営していた会社が倒産し、家も仕事もなくなり、社会から疎外《そがい》されたうえ、婚約まで破談になり、借金の請求に追われるような経験をしたこと。

人生のどん底です。このときは死にたいとすら思いましたが、このつらい経験があり、それをなんとかしのいできたので、選挙で落選したり、お金を失ったりしても、「まだまだどん底ではない」と思えるもう一人の自分が、自分を奮《ふる》い立たせてくれるのです。

2つ目は、先に述べたような龍馬や松陰の生き様を知って、彼らのつらく刹那《せつな》的な想いをイメージすることで、「自分の苦労なんて大したことではない」と思えること。

そして3つ目は、どんなに失敗しても、「志」さえ失わなければ、いつも応援してくれる、一緒に戦ってくれる仲間が、そばにいることです。

こうした3つの支えがあるので、私は失敗が続いても、「成功するまでやればいいんだ」という信念が持てています。なかでも大きいのが、本書でもテーマにしている「仲間」の支えです。

1866年の龍馬もどん底の気分で、亀山社中を解散しようと考えていました。

じつは、このときの社中は幕府にとっても非常に邪魔な存在で、幕府は社中のメンバーの引きぬき工作をし、龍馬は給与が払えないので、社中のメンバーに暇を出そうとしたのです。

しかし、龍馬を慕うメンバーは、引きぬきがあっても社中から離れようとしませんでした。龍馬には彼を信じて支えてくれる仲間がいたのです。

仲間の信頼で、気持ちを持ち直した龍馬は、先に述べた人材派遣で当座をしのいだり、強引に大洲藩に船を買わせて運用したり、敵だった土佐の後藤象二郎と手を結んでお金を引き出し、徳川御三家の紀州藩を相手に喧嘩をしたりしながら、命がけで大政奉還までもっていく流れをつくっていきます。

龍馬が生きた最後の数年の行動は神がかっているように感じますが、じつは、その行動の裏で、彼は多くの困難を経験していたのです。

それでも、彼には一緒に困難に向き合ってくれる仲間がいて、その仲間の支えで、困難を乗り越えたのです。

彼のめげない強さの裏には、仲間の存在があったことも、我々はしっかり学んでおきたいものです。

また逆に、こうした困難を一緒に乗り越えたからこそ、仲間との関係はより強固なものになったとも言えます。

めげない強さがあるから、そこに仲間が集まり、その仲間によってさらに強く心が支えられる。

鶏と卵のような話ですが、よき仲間を増やしていきたいと思えば、ただ楽しい時間を共有することだけではなく、ともに困難に立ち向かっていくというプロセスを経ることも大切なことなのではないでしょうか。

誰に反対されても、なさねばならないことがある

脱藩のリスク

龍馬の表舞台での活躍が、彼の脱藩から始まったことは、誰も否定できない事実だと思います。

しかし、この脱藩は、そう簡単なことではありませんでした。

当時の脱藩は重罪で、自分だけではなく、家族や親せきにまで迷惑をかける行為でした。

龍馬は坂本家の次男だったことが幸いでしたが、池内蔵太などは長男でしたから、彼の脱藩後に、土佐藩は池家の家名を断絶させ、家屋敷を没収しています。

池には年老いた母と妻がいましたが、彼女たちは路頭に迷ってしまうことになったので

す。

当時の志士は、このようなリスクを伴って行動していました。

龍馬にしても、大人しく土佐にいれば財産があるわけですし、剣術の腕もありましたから、道場でも開けば、それなりに裕福な生活もできたわけです。しかし、敢《あ》えてリスクを冒《おか》して脱藩し、お金にも苦しみながら自分の生きる場所を探しました。

薩長同盟のときには、薩摩寄りの立場で仇敵の長州に乗り込んでいきましたし、薩長同盟に目途がつけば幕府側からも命を狙われ、実際に襲撃もされています。

それでも歩みをとめることなく、大政奉還を促していき、最後は本当に殺されてしまったわけです。

どんな思いがあり、彼がリスクを冒し続けたのかは、あとで説明しますが、ただ綺麗ごとをいって政治を動かそうとしたわけではなく、本当に捨てるものを捨てて、命をかけて行動した彼の姿から、現代の我々は多くを学ぶべきです。

現代の若者の人気の職業は、公務員や大企業のサラリーマンです。

その理由の大きなものは、「安定」だそうですが、問題なのは頭がよくて学歴の高い若者ほど、そうした安定した職業につきがちだということです。

海外では、「優秀な人間、能力のある人間ほど、挑戦しないといけない」と教えるのに、日本ではそうした教育はせず、多くの親や学校の先生が、「しっかり受験勉強して、いい大学に行き、いい会社に入りなさい」と言います。

こんなマインドセットでは、優秀な人間がリスクを冒して社会のために挑戦するはずがありません。

これがいかに日本社会の成長を阻害《そがい》しているかを、龍馬たちの生き様を見つめ直すことで、我々は考えていくべきではないでしょうか。

「我が為すことは我のみぞ知る」

しかし、私自身もまた、かつては教師志望で人生設計をしていました。

その理由は、やはり母親から、そうした安定した職業に就くことを勧められていたからです。

けれども私は21歳で海外20ヶ国ほどをまわる機会を得て、世界の現実を肌で感じたときに、国民が自分だけの安定を考えて、リスクを冒さないことは、国全体のリスクを高め、国が弱体化する、そうすれば結局、国民個人の生活も貧しくなる、ということに気づくことができ、そこからリスクを冒して挑戦しようと思うようになりました。

現代の日本は、成熟社会で安定しているのだから、龍馬の時代とは違い、若者はリスクを冒さないのだ、という人もいますが、私は、その考えに正面から反対します。

龍馬の時代の大きな危機は黒船の来航でしたが、現代の日本においても、「グローバル化」という目に見えにくい黒船はやってきています。

その大きな流れを捉えることなく、若者が個人の安定ばかり求めている結果が、現代日本の衰退の原因の一つではないかと私は考えているからです。

見せかけの安定を理由に若者の教育を疎《おろそ》かにすることが、国の衰退を招くことを我々は歴史から学ばねばなりません。

こんなことを書く以上、私は政治家としてリスクを冒し続けていきたいと思います。

私が指導を受けた先述の林英臣先生は、政治家の私たちに、こう教えてくださいました。

「政治家にとっての最大の抵抗勢力は支援者だ」と。

これはどういう意味かというと、結局のところ、支援者の皆さんが私を応援しようと思えば思うほど、リスクを冒さない方向に動くよう求められる、ということです。

つまり、確実に通る選挙への出馬や当たり障りのない発言を、支援者が求めるようになるという意味なのです。

私は政治家になって、間もない時期に、この教えを受けていたので、支援者を気遣いすぎて行動の制約をされないようにせねば、と心に決めることができていました。

この気持ちがあったので、2012年には市議会議員を任期途中でやめて、選挙区を変えて、国政選挙に立候補することができたのだと思います。

このとき選挙区を変えたことに対しては、いまだに非難を浴びることがありますが、その非難は私には的外《まとはず》れに映ります。

「何のために政治をやるのか」という目標を「選挙区民のために働く」と設定すれば、選挙区を変えることは確かに裏切りでしょう。しかし、私の設定は「教育で日本の若者の意識を変える」ことで、それは政治家になる前から一貫しています。

そのためには、国会で国の教育から変えなければならないと思っていたので、自己保身ではなく、リスクを冒して行動したまでなのです。

龍馬が土佐から脱藩したときも、仲間から多くの非難を浴びたと思います。

その背景を考えると、私には龍馬の詠《うた》った「世の人は我を何とも言わば言え　我なす事は我のみぞ知る」の和歌に込められた想いが痛い程よくわかるのです。


「なぜ、自分はこれだけリスクを冒して『公』のために尽くそうとしているのに、周囲は行動の表層だけをみて好き勝手なことをいうのだ。誰に何と言われようが、俺は信念を曲げず、自分の心に正直に生きていく」


こんな思いで龍馬は行動していたのではないでしょうか。

あなたのまわりにも、あなたのことを思って、リスクを冒すことをやめるように、忠告してくださる人がいると思います。

しかし、人生は一度きりで、自分の人生の経営者は自分自身なのです。

人が見るのは財産の有無や社会的な成功です。しかし、それはあなたの心が求めていることでしょうか。

龍馬は、リスクを冒し続けて33歳の誕生日の日に、若くして亡くなったといわれています。しかし、彼は決して、自分の人生に後悔はしていないはずです。

自分の信念を貫いて、リスクを冒して、自分の命の使い方に満足して、死んでいったからです。

我々が龍馬に憧れるのならば、能力を持った人ほどリスクを冒す勇気をもって、多くの人を惹きつけて、本当の意味での、「平成の龍馬」を目指してほしいと思っています。

第4章のまとめ

この章では、龍馬がどんなメンタルを持って艱難辛苦《かんなんしんく》を乗り越えてきたかを見てきました。そこから我々が学べることを整理するとこのようになります。

・リアルな世界では人間いつ死ぬかわからない、だからこそ命に感謝し大切にして、その命を不朽《ふきゅう》の大義のために使おう。

・そこに大義があるならば、どんなに侮辱されても怒りを抑え、ときには命を張って、泥臭く、あきらめず物事を為し遂げよう。

・めげない強さで旗を立てて、仲間を集め、その仲間によってさらに強く支えてもらえる自分をつくろう。

・能力をもった人ほどリスクを冒す勇気をもって、人を惹きつけ、人の評価を気にするのではなく、自分の信念に基づいて行動していこう。

「仲間をつくる力」を考えるときに、どうしても最初に目がいくのは、行動習慣やスキルを身につけていくことです。もちろんそれも大切なことですし、この本でも書いてきましたが、もっとも大切なことは、目に見えない自分の人格や内面を高めていくことだ、と私は考えています。

龍馬に学べば、私自身もできていないことがたくさんあって、恥ずかしいかぎりですが、あなたはどうでしょうか。

引き続き、最終章でも、龍馬の内面から彼の「仲間をつくる力」について見ていきたいと思います。

第5章

view of the world

龍馬の世界観

志を立てる

龍馬のエピソード5

好きな歴史人物ランキングでは、絶えず上位の龍馬。2015年に「歴史街道」がおこなった「いま日本の総理大臣になってほしい歴史上の人物ランキング」では、織田信長を抜いてダントツの1位でした。

圧倒的に日本人の支持を集める龍馬ですが、現代の日本人は、一体どこまで彼の世界観や志を知っているのでしょうか。

薩長同盟や海援隊のことは知っていても、彼の世界観について考える人は少ないように思うのです。

しかし、それがわからないと、なぜ身分の低い侍だった龍馬が、大名クラスの人物と対等に意見を交わし、協力を取りつけることができたのか、なぜ命をかけて戦っていた侍たちが、龍馬の仲間になったのか、ということが理解できないと思うのです。

最終章では龍馬の世界観や志を考えることで、我々が行動するときの指針の持ち方を、学びたいと思います。

自分はどんな役割を果たしていくのか

世界観とは何か

あなたは、ご自身の「世界観」について考えたことはありますか？

そもそも世界観の定義とは何でしょうか。

ウィキペディアなどを見ると、世界観とは、「世界を全体として意味づける見方のことである。人生観より広い範囲を包含《ほうがん》する」と書いてありますが、これでは抽象的すぎて、わかりづらいので、この本では、ご本人の許可もいただいて、地政学・戦略学者の奥山真司氏の「戦略の階層」という考え方に則《のっと》って、「世界観」について定義していきたいと思います。

奥山氏について少し触れておくと、彼はカナダとイギリスで「国家戦略」を学ばれました。専門は国際政治や国家戦略を地理的な面から分析する「地政学」なのですが、それを習った先生が、たまたま「戦略」の大家であったため、戦略そのものについても学ぶことになったそうです。彼が指導教官であったコリン・グレイ教授に教えてもらったのが、「戦略の階層」というアイデアで、戦略というのは、上から順に、

・世界観
・政策
・大戦略
・軍事戦略
・作戦
・戦術
・技術

とレベル分けされ、「上位のものが下位のものを決定する」という原則があるという考え方です。

戦略の7つの階層

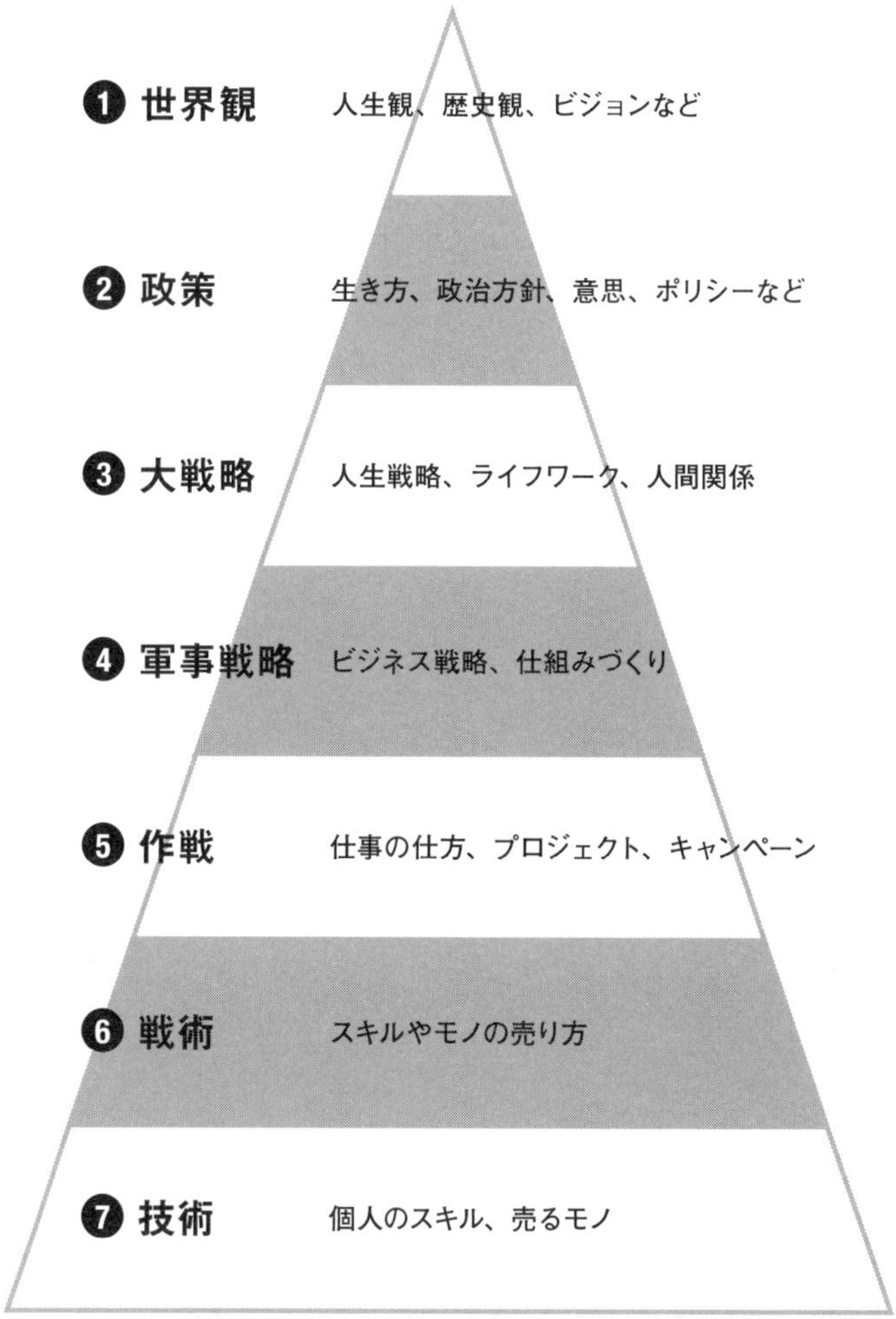

❶ 世界観
人生観、歴史観、ビジョンなど
❷ 政策
生き方、政治方針、意思、ポリシーなど
❸ 大戦略
人生戦略、ライフワーク、人間関係
❹ 軍事戦略
ビジネス戦略、仕組みづくり
❺ 作戦
仕事の仕方、プロジェクト、キャンペーン
❻ 戦術
スキルやモノの売り方
❼ 技術
個人のスキル、売るモノ

見てわかる通り、もともとは軍事行動をおこなう際の考え方でしたが、奥山氏は、これが個人や会社の活動にも応用できることに気がついて、それをわかりやすく説明しておられます。

戦略の階層を個人に応用する

この戦略の階層の項目を、個人や会社に当てはめて見ていくと、次のようになります。

【世界観】　↓人生観、歴史観、ビジョン
【政策】　↓生き方／意志
【大戦略】　↓人生戦略／ライフワーク／人間関係
【軍事戦略】　↓ビジネス戦略、仕組みづくり
【作戦】　↓仕事の仕方／プロジェクト／キャンペーン
【戦術】　↓スキルやモノの売り方
【技術】　↓個人のスキル、売るモノ

このように考えると、個人の世界観とは、【自分の人生の行動を決める根本となる価値観】と定義できます。

もう少し言い換えるとすれば、

「この世界は、私にとってどんな意味があるのか」

「私は、どのような役割を果たしてゆくことが期待されているのか」

を自分に問うていくことと考えると、わかりやすいかもしれません。

世界観を知って活かす

それまでの世界観が崩れる体験

世界観の定義をおさえたところで、龍馬の持っていた世界観はどんなものだったかを考えていきましょう。

じつは私は、龍馬の世界観は彼特有のものではなく、幕末の志士に共通するものだったのではないかと考えています。

当時の志士たちに、一番大きなショックを与えたことは何かといえば、それは、【黒船の来航】です。

言い換えれば、【白人の武力による世界植民地化の波】となります。

このショックで、泰平の眠りから、多くの日本の侍が目を覚ましたわけです。

18歳で黒船を見たときの龍馬の言葉を思い出してください。

「異国の船が日本の各地にやってきているので、近いうちに戦になるかと思います。そのときは異人の首を討ちとって、土佐に持ち返る所存です」

なぜ龍馬は戦になると思っているのでしょうか。それは白人の植民地支配から逃れようと、日本人が戦うからにほかなりません。

こうして考えると、龍馬ら幕末の志士に共通する世界観は、

【命をかけて日本の自立を守ること、愛する人を守ること】

であったと考えられます。

龍馬の世界観を支えたもの

龍馬自身の世界観が形成される過程や経験についておさらいしてみます。

十代の江戸留学中に黒船を見て、危機感を持ち、佐久間象山のもとで砲術などを学び、土佐に帰っては、河田小龍から世界の現状を聞き、多くの気づきを得ます。

また、2度目の江戸留学中には、幕府が不平等条約を結ばされ、帰国後は砲術や歴史の勉強をし、一時は土佐勤王党に入るも、久坂玄瑞らから刺激を受けて脱藩しています。

先述したように、脱藩は大きなリスクを伴うものですから、27歳で脱藩するときまでに、龍馬の世界観は固まっていたと考えるべきでしょう。

そして、この龍馬の世界観を支えたものは、次の3つではないかと、私は分析しています。

（1）国際情勢の情報と理解
↓　いまのままでは、日本は白人の植民地にされてしまう（危機感）
（2）歴史の知識
↓　いつの時代も命をかけて国を守った英雄がいる（使命感）
（3）同世代の熱い思いを持った仲間
↓　命をかけて戦おうとする者がいる、自分も何かしなければ（共感）

国際情勢と仲間の話は、これまで触れてきた通りですが、龍馬の歴史観のことは、詳しく触れていなかったので、龍馬が読んだ有名な2冊の本を紹介しておきます。

まず、1冊目は『資治通鑑《しじつがん》』です。

これは中国北宋の司馬光が、1065年に編纂した編年体の歴史書で、『貞観政要《じょうがんせいよう》』（龍馬は、こちらも読んでいます）などと並んで、代表的な帝王学の書とされてきたものです。

先人では、南北朝時代の知恵者、北畠親房《きたばたけちかふさ》がこの本を熟読し、大義名分論を学んで、『神皇正統記《じんのうしょうとうき》』を著《あらわ》しています。

また江戸時代には、朱舜水《しゅしゅんすい》に影響を受けた徳川光圀《みつくに》が、『資治通鑑』の大義名分論をベースに『大日本史』を編纂させており、こちらも幕末の志士のバイブルの一つになりました。

もう1冊は、江戸時代後期の儒学者、頼山陽《らいさんよう》が書いた『日本外史』です。

こちらは平安時代末期の源氏・平氏の争いから始まり、北条氏・楠木《くすのき》氏・新田氏・足利《あしかが》氏・毛利氏・後北条《ごほうじょう》氏・武田氏・上杉氏・織田氏・豊臣氏・徳川氏までの諸氏の歴史を、武家の興亡を中心に家系ごとに分割して書かれています。

龍馬はこうした書物から、先人の功績を知り、自分も侍として国のために何かをしなければと、考えるようになったのです。

龍馬が読書で学んでいたことがわかる例を一つ挙げましょう。

「湊川《みなとかわ》にて」と題して龍馬が詠んだ歌があります。

「月と日の　むかしをしのぶ　みなと川　流れて清き　菊の下水《したみず》」

＊菊の下水＝楠木正成《まさしげ》が後醍醐《ごだいご》天皇から授かった家紋

この歌は、龍馬が海軍操練所の近くの湊川を訪れて詠んだものです。

湊川には、勤皇《きんのう》志士のシンボルである楠木正成が自害した場所（現在の湊川神社）があり、ここは当時の勤王の志士のメッカでした。

吉田松陰、久坂玄瑞、西郷隆盛なども訪れ、楠木正成の墓碑《ぼひ》の前で、天皇への忠節を誓ったといわれています。

龍馬が、このような歌を詠めたということは、読書から、楠木正成の偉業を理解し、自分も何らかの思いを抱いていたということの証拠と言えるでしょう。

歴史の知識は、なぜ必要か

この例からもわかるように、我々がそれぞれの世界観を形成するのに、先祖のルーツや歴史の知識は欠かせないものです。

私は、高校や大学で学生に進路コーディネーターとして話をすることがありますが、そのときにいつも伝えるのが、

「人生の縦軸と横軸を持って、座標（コーディネート）を決めなさい」

ということです。

「横軸」とは国際情勢のことで、いま世界がどうなっていて、日本や自分の住む町がどんな状況なのかを知ることです。

そして「縦軸」とは、日本の先人や自分の祖父母両親が、どんな時代を生きてきて、い

まの社会をつくってくれたかを知ることを指します。
「この2つの軸を持って、自分の座標の位置がわかったときに初めて、これから自分がどこに向かって何をして進んでいけばいいのかを考えられるのであって、世界のことも歴史も知らない者は、将来の進路など決めようがないよ」

と伝えています。

また、政治家になりたいと相談してくる後輩がいて、

「何を勉強したらいいいですか」

と聞かれたら、私は、

「まず、日本の歴史、とくに近現代史を勉強してください」

と言います。

歴史は先人の政治の足跡でもあり、人間とはどんなものかを知る学問でもあります。その基礎を知らない人が政治家になり、「改革、改革」と叫んでいても、何の説得力もないと感じるからです。

このように、私は、歴史から世界観を固めるヒントをもらうことを、龍馬や幕末の志士

たちの行動から学びました。

本当は、こうしたことを学校の歴史の授業で学ぶべきなのですが、戦後のGHQによる教育改革の結果、教える側の先生が、そのことを習っていないので、現代の歴史の授業は、暗記科目の「レキシ」になってしまっています。

さらに一部の先生は意図的に自虐《じぎゃく》史観なるものを、子どもたちに植えつけて、彼らの世界観が変な方向に向くように仕向けています。

政治の世界で、「歴史教科書」問題が争われるのは、こうした背景があるからなのですが、メディアはほとんど報じないため、国民は問題の本質を知らされていません。

平成の龍馬になれ

日本人が世界観を固めるための歴史を、しっかり学べていないことに問題があると考えて、私は2013年に自分で会社を立ち上げ、日本の近現代史が無料で学べるインターネットチャンネル【CGS】をつくり、定期的に日本の歴史を学んでもらう情報発信を始めました。

また、2015年の夏には篤志《とくし》家の支援を受けて、一般社団法人日本歴史探究会を立ち上げ、毎月日本の歴史について学ぶ勉強会を運営しています。

私たちが本気で【平成の龍馬】を求めるなら、龍馬の世界観を分析し、彼らが学んだことを、子どもたちに教えていかねばなりません。

歴史教育は占領期にGHQに変えられたまま、いまでも元に戻っていません。

日本を占領した者にとっては、日本に龍馬のような志士が生まれては不都合だったので、意図的に歴史や軍事、武道といったものを学習させないようにしたという事実があります。

本当に我々が龍馬のようになりたいなら、この事実から眼を背《そむ》けてはいけないのです。

自分は今、どこのレベルか

ここで改めて奥山真司氏の「戦略の階層」に、ここまで見てきた龍馬の思いや行動を当てはめてみましょう。

龍馬の「戦略の階層」

【世界観】→人生観、歴史観

・命をかけて日本の自立を守ること、愛する人を守ること

【政策】→生き方／意志

・「死して不朽の見込みあらば、いつでも死ぬべし。生きて大業の見込みあらば、いつ

でも生くべし」

【大戦略】→人生戦略／ライフワーク／人間関係

・「船中八策」で構想した国をつくること

・富国強兵＝ビジネスで外貨を獲得し強い軍事力（海軍）を持つ

【軍事戦略】→ビジネス戦略、仕組みづくり

・薩長同盟

・大政奉還

【作戦】→仕事の仕方／プロジェクト／キャンペーン

・土佐勤王党

・海軍操練所

・亀山社中

・海援隊

【戦術】→スキルやモノの売り方

・脱藩

・北海道開拓
・グラバーとの連携
【技術】↓個人のスキル、売るモノ
・行動力
・航海技術
・ビジネススキル
・ＰＲスキル

こうして階層化してみると、皆さんが憧れていた龍馬の能力や行動が、どのレベルのものかがわかるのではないでしょうか。

じつは私も、この階層に当てはめて、自分の人生戦略をつくっています。

皆さんもやってみられると、いま自分が力を入れてやっていることが、どこのレベルのことなのかわかると思います。

私は選挙に通るための活動だけに熱心な知人に、

「あなたのやっていることは戦術レベルの仕事であって、世界観や政策が無ければ政治をやる意味はあまりないのではないか」

という問題提起をして議論したことがあります。

また、現代では、就職に失敗した若者が自殺をするようなことがありますが、私がこうした学生にいつも伝えたいのは、

「どのレベルで悩んで、命を粗末にしているのか」

ということです。

大局的な見方ができないと、目の前の問題だけにとらわれて方向性を間違えます。

あなたの人生にとって、何が大切なのかを考えるためにも、龍馬を一つの手本に大きな「世界観」を描くことが必要でしょうし、生き方を考えるための「政策」が重要だと思います。

船中八策ができるまでの経緯

ここまで本を読んでいただき、この「戦略の階層」を見ていただければ、龍馬の行動や、

その裏にあった思いが、すべてつながって理解してもらえると思います。

最後に、次の日本をこうしていきたいという、彼の人生目標でもあった【大戦略】である「船中八策」について、見ていきたいと思います。

船中八策ができるまでの経緯は、２章で説明しましたので、ここでは、その内容に注目します。

「船中八策」

① 幕府が持っている政権を朝廷に返す
② 上下の議会を置き、議員をおいて、公論によって政治をおこなう
③ 有能な公家や大名のほかに、優れた一般人を政府に登用する
④ 外国と新たに平等な条約を結び直す
⑤ 古い法律を取捨選択して、新しい憲法をつくる
⑥ 海軍力を拡充する
⑦ 朝廷中心の新政府の直属軍を創設し、首都の防衛にあたらせる

⑧　通貨の交換比率や物価を調整し、外国との貿易の均衡をはかる

これらをもう少し我々にわかりやすい言葉に変換すると、

【大政奉還】
【議会制民主主義】
【不平等条約の改正】
【立憲君主制】
【富国強兵】

といった内容になります。

この船中八策の内容は、後に明治政府の「五箇条の御誓文」に多大な影響を与え、土佐の板垣退助が始めた自由民権運動の理念にもなっていくのです。

当時、倒幕を考えていた志士はたくさんいましたが、ここまで明確に「次の日本のカタチ（国体）」を描けていた人物は、龍馬以外にはいなかったはずです。

しかし、なぜ龍馬にここまでの国家構想（大戦略）をつくることができたのでしょう。

これらの考えは、龍馬のオリジナルではなかったというと、驚かれるでしょうか。

じつはこの構想は、佐久間象山、河田小龍、勝海舟、大久保一翁、横井小楠、由利公正といった当時の一級の知識人と交流し、彼らのアイデアをうまく吸収し、龍馬が一つにまとめたものなのです。

そして、もう一つの問いは、なぜ当時の一級の知識人は、龍馬に彼らの国家構想を語ったのか、です。

もちろん龍馬には、人たらしの才能やインテリジェンスを組み上げる頭のよさもあったからでしょうが、彼らに一番響いたのは、やはり龍馬の世界観で、龍馬に思いを語った偉人たちは、私利私欲を超えて、龍馬と世界観を共有していたのだと私は思います。

つき合う人で世界観は変わる

私自身も現在いろいろなプロジェクトに追われ、忙しい日々を過ごしています。

そこではたくさんの人に出会い、「〇〇を一緒にやりましょう！」といろいろなお誘いを受けますが、すべての誘いに応える時間は到底ありませんし、人に自分の思いを話す時間すら惜しいときもあります。

そんな生活の中でも、時間を忘れて語り合ってしまうのは、やはり世界観を共有できる方々です。

相手がどんなに地位があってお金を持った人でも、お金儲けのことや自分自身の利益のことしか語らない人とは、話す気持ちが湧きません。

一方で、若い学生であっても、日本や世界のために本気で何かをしたいと強く思いを持った人に対しては、もし自分の考えや経験が、その人の役に立つならと、ついつい熱を入れて話してしまいます。

また、人間はつき合う人や経験とともに、世界観も広がっていきます。

昔は一緒に仲よくやれた友達も、職場や学ぶ環境が変わってくると、持っている世界観が変わり、疎遠になってしまうといった経験は、皆さんにはないでしょうか。

龍馬にとっては、「土佐勤王党」の仲間がそうだったように、私は考えています。

決して嫌いになったわけではない。

彼らの考えがわからないわけでもない。

ただ見える世界が変わったのです。

それで歩む道が変わったのでしょう。

人は世界観の共通する人と共鳴するのです。

船中八策のアイデアを龍馬に授けた人物たちは、龍馬と出会った時点において、世界観を龍馬と共有したのだと思います。

そのメンバーの思いは、船中八策の最後にも書かれています。


「いまの国際情勢を考えれば、この八策ほどの急務はないはずです。このうちのいくつかでも断行すれば、国力は高まり、諸外国と対等に渡り合えるでしょう。道理をもって英断し、国を一新してください」


龍馬らの共通する世界観は、とにかく外国と対等に渡り合える国をつくり、日本を守ることだったのです。

その一心で知恵者が思いを寄せ合って、つくり上げられたのが、この「船中八策」であったことを、私たちは胸に刻んでおくべきだと思います。

コントロールされた世界観

「船中八策」をつくった志士の世界観が共通していた、という話をしてきました。

これはじつは幕末だけではなく、明治維新以降も続いた戦争の中で、多くの日本人に共通していた世界感だった、というと、皆さんには信じてもらえないでしょうか。

たとえば、この世界観を持って戦い、亡くなった人が祀《まつ》られているのが、東京にある靖国神社です。

一般にはあまり知られていませんが、龍馬だけではなく吉田松陰、高杉晋作、中岡慎太郎、武市半平太、橋本左内など、本書の中でも出てきた人物の多くの御霊《みたま》が、靖国神社に合祀《ごうし》されているのです。

この章の冒頭で述べたように、日本国民は坂本龍馬が大好きなのに、彼の行動原理となる世界観を考える思考パターンを知りません。また、彼が靖国神社に祀られていることも、多くの国民が知らないのです。

それはなぜでしょうか。

日本が戦争で負けてから、1952年（昭和27年）の4月28日に、サンフランシスコ平和条約によって主権を回復するまでのあいだに、日本の若者が、龍馬たちのような世界観を持たないように、教育やメディアによってマインドコントロールする仕組みがつくられたからです（これを陰謀論だと思う人は、GHQがどんな占領政策をおこなったか、その目的は何だったかを調べてみてください）。

日本がかたちのうえで独立を果たしても、その仕組みは崩されていません。

つい最近まで「国を守る」ための自衛隊は、「人殺しの集団」と非難されることがありました。

いまでも「国を守る」なんて普通の人が言うと、「右翼」のレッテルを貼られます。

一国の首相が、龍馬らの祀られている靖国神社を参拝しようとすると、「歴史修正主義者」だと、中国や韓国だけでなく、欧米の国からも非難を受けるのが、日本の現実なのです。

【命をかけて日本の自立を守ること、愛する人を守ること】

この世界観を、日本人は持ってはいけないのでしょうか。

【命は何よりも大事で、日本はどうなっても、自分たちの幸せと安全だけは守ってほしい】

こうした世界観のほうが尊いのでしょうか。

現代の日本人は龍馬が大好きです。

それなら、彼の戦略や行動に憧れるだけでなく、その世界観はどんなものだったのか、どんな経験や学びを経て、彼はそこに至ったのか、彼と同時代に生きた侍たちは何を思ったのか、その時代背景や情勢から自分がその時代に生きたと想像し、皆さんの世界観をつくり上げる糧にしてもらいたいと、強く願っています。

第5章のまとめ

この章では、龍馬が「危機感」「使命感」「共感」に支えられた世界観を持っていたことを伝えてきました。

彼は経験から「危機感」を持ち、歴史などの学びによって「使命感」を高め、仲間や先輩との出会いによって「共感」を強めたのです。

そうして形成された世界観は、当時の日本を支える大人物たちと一致していたから、身分を超えて多くの人が龍馬に伝え、彼に協力していったのでしょう。

「仲間をつくる力」の究極は、より多くの人に賛同してもらえる世界観を持つことです。

身近な例で考えてみてください。

同じ会社をつくるにしても、「私がお金を儲けたいので会社設立に協力してほしい」と頼まれるのと、「この会社を大きくして社会貢献事業をやっていきたいので協力してほしい」と頼まれるのでは、どちらが協力したいと感じますか。

明らかに後者でしょう。

こうした依頼の背景にあるのが、その人の持つ世界観なのです。

人はより大きな世界観を持つことによって、より多くの仲間をつくることができます。

しかし、残念ながら70年前に、日本が戦争で負けてから、教育が改悪され、日本の若者は大きな視点で世界観を持てなくされています。

政治家の私ですら「日本のために」なんて公に発言しようものなら、有権者から「あの人は右翼じゃないの」と思われる、というマインドセットを掛けられている状態だからです。

「日本のために」働く政治家より、「選挙区民である自分のために」働いてくれる政治家を求めるのが、今の日本の有権者意識になってしまっています。民間の会社でも同じではないでしょうか。

「日本の発展のために、会社全体やみんなの幸せのために」働く人の比率はどれだけいるでしょう。企業の発展を阻害している大きな原因です。

戦後の教育でたたきこまれた「私が幸せになればいい」という世界観では、多くの人を仲間にすることはできません。

龍馬に学ぶもっとも大切な「仲間をつくる力」は、経験や学習、人との交流によって、皆さんの内面に、より大きな世界観を形成していくことだと私は考えています。

おわりに――先人から種を受けとり、未来のために木を植える人

この本を書くにあたって、いろいろな知り合いに坂本龍馬のイメージを聞きました。

すると、「薩長同盟を結ばせた人」「高知の桂浜《かつらはま》の銅像の人」「日本を洗濯した人」「理想の上司像」といった答えが返ってきました。

そこで私は、みんな龍馬のことが好きなのに、ほとんど龍馬のことを知らないじゃないか、という思いに至り、龍馬に対するイメージが変わり、現代の日本人が龍馬から学んで、今の自分たちの生活に役立ててもらえる内容の本にしようと決めました。

ただ日本人といっても、いろいろな人がいますので、私が対象としてイメージしたのは龍馬が活躍した年代と同じ20～30代の男性です。

共感力、情報力、経営マインド、強いメンタル、世界観――皆さんが龍馬を好きならば、彼のこうした力にもっと学んで仲間を増やしていきましょうというのが、この本に込めた私のメッセージです。

そして、もう一つのメッセージは、龍馬を英雄視して、憧れないでほしいということです。「龍馬はすごい人」では、何も変化が生まれません。なぜ高知の田舎出身の下級侍の若者に、あそこまでのことができたのかを考えて、なぜ自分たちにはできないのかを分析し、自分が【平成の龍馬】になってやると思う人材が、いまの日本には必要なのです。

よって筆者自身の経験も織り交ぜながら、私がどのように龍馬に学んできたかという視点も大切にしました。もちろん、自分にできていないことがたくさんあることを絶えず反省しながらの執筆でした。しかし、できていないからこそ、皆さんと一緒に龍馬に学ぼうという思いも込めたつもりです。

このまとめを書いている私は、鹿児島県の知覧に研修に来ていて、特攻作戦で亡くなった若者のエピソードを学んでいます。

特攻にいった若者に対しても、英雄視をする風潮が少しあります。

しかし、当時の本当の話を聞けば、彼らは洗脳されていたわけでも、特別に人格が優《すぐ》れていたわけでもなく、今の我々と変わらない若者だったことがわかります。

ただ、当時は戦争に負けそうな状況があり、負ければ家族や愛する人も殺されてしまうかもしれない、そう思って死にたくはないけれど、やむなく命をかけて、戦ってくれたのです。

そうした特攻隊の若者の思いは、龍馬の思いと共通するものがあると私は感じるのです。

ですから、今を生きる我々は、龍馬や特攻にいった若者を、自分たちとは違う人と思って憧れ、感謝するだけではなく、彼らがどんな時代を、どんな思いで生き、何を考え行動したかを、自分の頭で考えて、そこから自分たちの生きる指針を学ばねばならないと思うのです。

私は、龍馬らの生き様を知って、この日本に生きる皆さん一人ひとりに、「これからの日本をどうしていきたいか」という想いを持ってもらいたいと考えています。

私がそう思うのは、龍馬のような想いを持って、命をかけて戦ってくれた無数の先人の努力の上に、いまの我々の平和や豊かさがあるからです。それを忘れて、感謝なく生きていては本当の仲間など見つからないと思うのです。

本書では龍馬が、自分のことだけを考えて行動したのではないことを見てきました。彼は、歴史を学んで、先人の思いを引き継ぎ、さらに自分のあとに続く、私たち未来の日本人のことも考えて行動してくれました。

龍馬は、先人から種を受けとり、未来のために木を植えてくれたのです。

日本は戦争に敗れ、それ以降、先人から種を受けとることを制限されてきました。

しかし、いまは、その気にさえなれば、少しずつ種を見つけることができるようになってきたように思います。

肝心なのはここからです。

これからの日本や我々の生活には、大きな困難が予想されます。

しかしそんな今だからこそ、本書を読んでいただいたあなたには、龍馬ら先人から種を受けとり、未来を見つめ、木を植える人になってもらいたいと、切に願っています。

そうして木を植えるあなたのまわりには、きっと多くの仲間が集まることでしょう。

龍馬プロジェクト全国会 会長
神 谷 宗 幣

西暦	元号	月	日	龍馬の年齢	龍馬に関する事項	時代背景、その他
1835年	天保6年	11月	15日	0歳	高知城下の郷士・坂本八平直足の末子として生まれる。	
1840年	天保11年			5歳		アヘン戦争
1852年	嘉永5年			17歳		ジョン万次郎から聞き取りしてまとめた河田小龍著『漂巽紀略』全5巻を出版。
1853年	嘉永6年	3月		18歳	最初の江戸留学。千葉道場に入門。	
1853年	嘉永6年	6月		18歳		浦賀にマシュー・ペリーが率いる黒船来航。
1853年	嘉永6年	12月		19歳	西洋流砲術の大家・佐久間象山の塾に入門。	
1854年	安政1年			19歳		ペリーが琉球経由で、再び江戸湾に来航。
1854年	安政1年	3月	27日	19歳		吉田松陰のアメリカ渡航未遂事件。師匠である佐久間象山は監督責任をとらされ、国元の信州松代で蟄居を命じられた。
1854年	安政1年	6月		19歳	土佐に帰国。	
1854年	安政1年			19歳		河田小龍は、藩の役人と共に薩摩藩に派遣され、銃砲を鋳造する反射炉を調査。
1854年	安政1年	11月		19歳	河田小龍を訪問。小龍は、このとき30歳。	
1855年	安政2年			20歳		薩摩藩が日本最初の軍艦の試運転に成功。
1855年	安政2年			20歳		勝海舟は、幕府が開設した長崎の海軍伝習所で、航海術も身につけていた。3年後の1858年に日米修好通商条約が結ばれ、遣米使節団がアメリカに渡るときには、随行艦の咸臨丸を指揮して、日本人初の太平洋横断をやってのけた。
1855年	安政2年	12月		20歳	父・八平が59歳で没。兄の権平が42歳で家督を継ぐ。	
1856年	安政3年			21歳		
1857年	安政4年			22歳	剣術修行の名目で、二度目の江戸留学。遠い親せきの武市半平太と土佐藩邸に同宿。	武市半平太は帰国。
1858年	安政5年			23歳	北辰一刀流皆伝の免許取得後、帰国。（9月）	日米修好通商条約が締結。（6月）
1858年	安政5年	11月		24歳	水戸藩士の住谷寅之介と大胡聿蔵から、土佐入国の手助けをしてほしい旨の手紙を受けとる。	

1859年	安政6年			24歳		井伊直弼によって行われた「安政の大獄」。吉田松陰や橋本左内、梅田雲浜など、幕府に批判的な人物を極刑に処し、開国に批判的な水戸藩などを弾圧した。
1860年	万延1年	3月		25歳		桜田門外の変。
1860年	万延1年	7月		25歳		武市半平太が配下の岡田以蔵らを伴い、中国・九州剣術遊歴に出発。諸国の志士と交わった武市が尊王攘夷の志を固め、龍馬もその影響を受けていくことになる。
1861年	文久1年	3月		26歳		土佐では藩士の身分間対立から井口村事件が起きる。郷士をまとめた大石弥太郎はこの事件の後、藩命で江戸へ行き、勝海舟の門下に入る。
1861年	文久1年	6月		26歳		大石弥太郎を追うように江戸にのぼった武市半平太は、大石の紹介で、長州の久坂玄瑞、桂小五郎（木戸孝允）、薩摩の樺山三円らと出会う。
1861年	文久1年	8月		26歳	江戸で土佐勤王党を結成。龍馬は、その9人目のメンバーとして加盟している。	土佐勤王党の盟主は武市半平太、盟約書は大石弥太郎がまとめた。
1862年	文久2年	正月		27歳	前年に土佐を出た龍馬は、長州萩の久坂玄瑞を訪ねる。	
1862年	文久2年	2月	29日	27歳	長州を出た龍馬は大阪に立ち寄ってから、高知へ戻る。	久坂から預かった手紙を武市半平太に渡し、都を中心にした政治の動きに加わるように武市に進言するも、武市はあくまで土佐一国を「勤王藩」にすることを優先させることにこだわり、そのためなら、藩の参政である吉田東洋の暗殺すら考えると言う。
1862年	文久2年	3月	24日	27歳	土佐藩を脱藩。	脱藩と同時に勤王党を抜けたかたちになるが、龍馬はその後も、勤王党のメンバーにいろいろ協力してもらっている。
1862年	文久2年	4月		27歳		勤王党の一派が、土佐の参政であった吉田東洋を暗殺。山内容堂は過激な勤王党を疎ましく思いながらも、尊王攘夷の時勢に逆らえず、党のトップである武市半平太を、京都留守居組加役に任命し、これ以上の過激な行動を抑えることにした。
1862年	文久2年	6月	23日	27歳	脱藩後の足取りは不明。大阪に着いた龍馬は、土佐で起きた吉田東洋の暗殺と、京都での寺田屋騒動を知るが、地元や京での攘夷の運動には目をくれず、秋頃には江戸に向かう。	

西暦	元号	月	日	龍馬の年齢	龍馬に関する事項	時代背景、その他
1862年	文久2年	7月		27歳	大阪で土佐勤王党の樋口真吉に会い、1両の援助を受けた。	
1862年	文久2年	8月		27歳	江戸に入り、かつて剣術修行した千葉道場に居候していたといわれている。	
1862年	文久2年	11月	12日	27歳	脱藩決意のきっかけをくれた久坂玄瑞に会い、恐らくこのとき高杉晋作とも意見交換をしていたと思われる。	
1862年	文久2年	12月	5日	28歳	同郷の藩士、間崎哲馬が越前藩主の松平春嶽に会うというので、それに同席し、大阪湾の防衛策などを話すと、春嶽に大変気に入られ、勝海舟に会うことを勧められ、紹介状を書いてもらった。	
1863年	文久2年	12月	9日	28歳	勝海舟の門人になる。	龍馬が会いに行ったとき、勝海舟は40歳で、軍艦奉行であり、日本有数の知恵者の一人だった。
1863年	文久3年	4月		28歳	勝海舟と龍馬は幕府から神戸に海軍所と造船所をつくる許可を取りつけた。	
1863年	文久3年	5月		28歳	福井へ行き、松平春嶽から出資を取りつけ、海軍操練所の母体となる海軍塾をスタートさせた。龍馬は塾頭格の扱いだった。	攘夷派が優勢になった長州藩は、アメリカ商船やフランス、オランダの軍艦に対し砲撃した。
1863年	文久3年	6月		28歳		山内容堂の怒りに触れ、勤王党の主要メンバーの切腹が申し渡される。アメリカとフランスが長州を攻撃、軍艦三隻が潰され、長州の砲台は壊滅状態にされた。
1863年	文久3年	8月	18日	28歳	土佐の山内容堂は、武市半平太ら尊王攘夷派の土佐勤王党の面々を、片端から検挙し、牢獄に押し込む。龍馬たち土佐藩出身の海軍塾メンバーにも、土佐藩から帰国の呼び出しがあったが、帰国すればつかまるので、龍馬はここで2度目の脱藩することになった。	京都で政変（八月十八日の政変）が起こり、会津と薩摩を中心とした公武合体派が、孝明天皇を引き入れて、それまで力を持っていた尊王攘夷派の長州藩士らを朝廷から追い出し、権力を握る。
1864年	元治1年	2月		29歳	勝海舟に従って長崎を初めて訪問。	このときの勝海舟の仕事は、英仏米蘭の4ヶ国連合艦隊による長州攻撃をやめさせる調停だった。
1864年	元治1年	5月		29歳	海軍操練所を開講。	海軍操練所は、学生は２００～４００人の規模だが、その中心となったのは60人ほどの龍馬が率いる海軍塾のメンバーだった。
1864年	元治1年	6月	5日	29歳	京都で「池田屋事件」が勃発。	このときに尊王攘夷派の志士と共に、海軍塾から抜け出していた土佐の望月亀弥太も闘死してしまう。

1864年	元治1年	7月	19日	29歳		八月十八日の政変で、京都から追い出されていた長州の怒りが爆発し、長州勢が御所に攻め込んだ。これが世にいう「禁門の変（蛤御門の変）」で、結果、長州は敗れ、このときに久坂玄瑞も亡くなった。
1864年	元治1年	8月		29歳		長州は英・仏・米・蘭の4ヶ国連合艦隊によって下関を攻撃された（馬関戦争）。
1864年	元治1年	9月		29歳	薩摩の西郷隆盛と出会う。	西郷隆盛が勝海舟を訪ねて大阪の宿舎にやってくる。
1864年	元治1年	10月		29歳		勝海舟は江戸に呼び戻され、役職を罷免と蟄居を命じられ、海軍操練所は開設からわずか半年で事実上の閉鎖となった。
1865年	慶応1年	1月		30歳	八月十八日の政変で長州に落ち延びた5人の公家（五卿）が、長州から大宰府に移される際に、大宰府に来た西郷と、移転の条件についても話し合う。	
1865年	慶応1年	3月		30歳	海軍操練所、閉鎖。	
1865年	慶応1年	4月		30歳	京都の薩摩藩邸に身を寄せていた龍馬たちは、大阪から船で薩摩に向かう。	幕府は第2次長州征伐令を発令。
1865年	慶応1年	5月		30歳		八月十八日の政変で尊王攘夷派が駆逐され、山内容堂は9月に武市半平太を投獄。武市半平太は獄中に切腹。
1865年	慶応1年	5月		30歳	薩摩藩から投資を受け、長崎の亀山に「社中」を立ち上げる。のちの「亀山社中」は、政治結社としての側面と、商社としての側面を持っていた。	八月十八日の政変で長州に落ち延びた5人の公家（五卿）に会うために、大宰府に向かう。公家や長州藩士らに薩長が協力することの必要性を説き、当時の長州の実力者であった桂小五郎（木戸孝允）との面会を取りつけ、その足で下関に行って、桂と会談している。
1865年	慶応1年	7月	初旬	30歳	長崎にいる亀山社中の仲間で、右腕のような存在だった近藤長次郎に、「長州の伊藤博文と井上馨が長崎に行くから、薩摩藩の小松帯刀とつないで、二人に武器や船の購入を斡旋してやってほしい」と手紙を書いた。	
1865年	慶応1年	10月		30歳	亀山社中は武器だけでなく、ユニオン号という軍艦も長州に売っている。ユニオン号の運用は長州に任され、乙丑丸と名前を変え、1866年の第2次長州征伐に使われた。	

西暦	元号	月	日	龍馬の年齢	龍馬に関する事項	時代背景、その他
1866年	慶応2年	1月		31歳	薩長同盟を成立させる。	同盟締結のため、1月7日には桂小五郎が大阪に到着、京都の薩摩屋敷に入る。
1866年	慶応2年	1月	23日	31歳	薩長同盟の密約が成立した2日後に、長州藩士、三吉慎蔵と一緒にいた龍馬は、伏見奉行所の役人に襲われた（寺田屋事件）。	龍馬は船の帰属問題の処理で出発が遅れて、1月20日になって、やっと京都に到着している。
1866年	慶応2年	3月		31歳	亀山社中は、グラバーから西洋帆船「ワイルウェフ号」を購入。	
1866年	慶応2年	4月		31歳	ワイルウェフ号は初航海で座礁し沈没。	船を失った亀山社中は、夏頃には抱える船員たちに給料が払えない状態になるが、龍馬は、当時諸藩で西洋船の購入がブームだったところに目をつけて、諸藩に船員の貸し出しを考える。いまでいうところの人材派遣業を始めたわけである。
1866年	慶応2年	6月		31歳		幕府による2回目の長州征伐。長州を4か所から攻めたため、「四境戦争」とも呼ばれる。
1866年	慶応2年	8月		31歳		停戦を命じる勅令が出され、四境戦争は長州の勝利で幕を閉じる。この敗北は幕府の権威を一気に失墜させた。
1866年	慶応2年	12月	5日	32歳		徳川慶喜が将軍職に就く。
1866年	慶応2年	12月	25日	32歳		孝明天皇が崩御。
1867年	慶応3年	1月		32歳	土佐藩の参政、後藤象二郎と和解。	14歳で、のちの明治天皇が即位。
1867年	慶応3年	4月		32歳	後藤象二郎との会見をきっかけとして、龍馬を隊長とする「海援隊」を長崎で結成。	7月には中岡慎太郎を隊長とする「陸援隊」が京都で結成された。
1867年	慶応3年	4月	23日	32歳	海援隊の運航する「いろは丸」が、瀬戸内海で紀州藩の「明光丸」と衝突し沈没。	いろは丸の沈没前に、龍馬たち乗組員34名は「明光丸」に乗り移り、いまの広島県の福山にある鞆の浦に寄港。そこで24日から4日間、龍馬らと紀州藩の交渉が行われた。
1867年	慶応3年	5月		32歳		当時の有力大名である、山内容堂、島津久光、松平春嶽、伊達宗城が京都に集まり、いわゆる「四侯会議」が開かれた。
1867年	慶応3年	6月	9日	32歳	長崎を出て京都に向かう後藤象二郎に龍馬も同行する。この航海の中で二人が話し合って生まれたのが「船中八策」だといわれている。	

1867年	慶応3年	6月	22日	32歳	京都の料亭で土佐と薩摩の重鎮が集まり、会議を持ったが、薩摩からは小松帯刀に西郷と大久保、土佐からは後藤に福岡藤次らが出席、龍馬と中岡も同席した。	
1867年	慶応3年	6月	23日	32歳	薩摩との会談の翌日、土佐のメンバーで大政奉還の建白書の草案をまとめた。	
1867年	慶応3年	7月	3日	32歳	大政奉還の建白書の草案を、薩摩のOKをもらい、後藤は土佐藩主の許可を得るために土佐に戻る。	
1867年	慶応3年	7月	10日	32歳	龍馬は土佐藩に、長州とも薩摩と同じような盟約を結ばせたいと桂小五郎（木戸孝允）に働きかけ、長州藩から土佐に使者が送られた。	同時期、イギリス船の水夫が二人殺されたが、その犯人が海援隊ではないかと嫌疑がかけられ、龍馬は長崎で足止めをくらう。
1867年	慶応3年	9月	10日	32歳	イギリス船の水夫殺人容疑の嫌疑が晴れて解放される。	龍馬が解放される3日前の9月7日、西郷隆盛と大久保利通が後藤象二郎と会って、薩土盟約の解消が決まる。
1867年	慶応3年	9月	20日	32歳	下関で、伊藤博文に会い、盟約解消の話を聞く。龍馬は、「板垣退助と会って打合せしてから上京する」と桂に手紙を残して、1000挺ほどの銃を持って土佐へ急ぐ。	すでに薩長は出兵し、政変を越えて、新政権を創設することも決めていた。
1867年	慶応3年	9月	24日	32歳	龍馬は土佐に入り、藩の重役に薩長の動きを告げて、自分が持ってきた銃を買い取り、それで武装して、土佐も藩兵を上方へ送るように進言し、山内容堂を説得。	
1867年	慶応3年	10月	初旬	32歳	しばらく実家に立ち寄った後、京都に入る。	後藤たちは大政奉還の建白書を薩摩に見せ、幕府に提出する同意を取りつけ、提出を受けた慶喜が大政奉還を承認。
1867年	慶応3年	10月	13日	32歳	大政奉還が実現しようとしていた前日に、後藤象二郎に、「あなたが大政奉還の説得に失敗したら、私が慶喜公を討って、自分も死ぬ」という旨の手紙を送った。	
1867年	慶応3年	10月	14日	32歳		徳川慶喜が大政奉還を上表。
1867年	慶応3年	10月	28日	32歳	越前藩に行き、松平春嶽の上京を促し、由利公正や永井尚志らと新政府の構想について語り合う。	
1867年	慶応3年	11月	11日	32歳	この時期、龍馬は自分の人生の総仕上げをしようとしていたことが、知り合いの侍に送った手紙からも感じとれる。	
1867年	慶応3年	11月	15日	33歳	京都に戻り、15日の夜に暗殺される。	

著者プロフィール

神谷宗幣（かみや・そうへい）

昭和52年福井県生まれ。関西大学文学部・関西大学法科大学院卒業。予備自衛官三等陸曹。株式会社グランドストラテジー代表取締役。一般社団法人日本歴史探究会理事長。

29歳で吹田市議会議員に当選（2期、副議長まで務め、衆議院選挙のために辞職）。

平成21年「龍馬プロジェクト全国会」を発足し、会長として現在二百数十名の会員を束ねる。平成25年にはインターネットチャンネル「CGS」を開設し、政治や歴史、経済をテーマに番組を配信。現在、大阪府吹田市を拠点に活動中。著書に『大和魂に火をつけよう』『政の哲学』（青林堂）、『日本のスイッチを入れる』（カナリア書房）など。

神谷宗幣 公式HP
http://www.kamiyasohei.jp/

著者エージェント
アップルシードエージェンシー
http://www.appleseed.co.jp/

坂本龍馬に学ぶ「仲間をつくる力」

2016年2月1日　第1刷発行

著　者　　神谷宗幣

発行人　　櫻井秀勳
発行所　　きずな出版
東京都新宿区白銀町1-13　〒162-0816
電話03-3260-0391　振替00160-2-633551
http://www.kizuna-pub.jp/

装　幀　　池上幸一
印刷・製本　モリモト印刷

ISBN978-4-907072-51-3

きずな出版

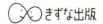

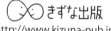